江西财经大学信毅学术文库

融券卖空对资本市场定价效率的影响研究

——因果识别、机制检验与异质性分析

潘凌云　著

中国财经出版传媒集团
中国财政经济出版社

图书在版编目（CIP）数据

融券卖空对资本市场定价效率的影响研究：因果识别、机制检验与异质性分析 / 潘凌云著. -- 北京：中国财政经济出版社，2023. 2
（江西财经大学信毅学术文库）
ISBN 978 -7 -5223 -1835 -6

Ⅰ. ①融… Ⅱ. ①潘… Ⅲ. ①证券投资－影响－资本市场－定价－研究 Ⅳ. ①F830. 9

中国国家版本馆 CIP 数据核字（2023）第 014421 号

责任编辑：彭　波　　　　责任印制：史大鹏
封面设计：王　颖　　　　责任校对：张　凡

中国财政经济出版社 出版
URL：http：//www. cfeph. cn
E - mail：cfeph@ cfeph. cn

社址：北京市海淀区阜成路甲 28 号　邮政编码：100142
营销中心电话：010 - 88191522
天猫网店：中国财政经济出版社旗舰店
网址：https：//zgczjjcbs. tmall. com
北京财经印刷厂印刷　各地新华书店经销
成品尺寸：170mm × 230mm　16 开　12. 75 印张　200 000 字
2023 年 2 月第 1 版　2023 年 2 月北京第 1 次印刷
定价：68. 00 元
ISBN 978 -7 -5223 -1835 -6
（图书出现印装问题，本社负责调换，电话：010 - 88190548）
本社质量投诉电话：010 - 88190744
打击盗版举报热线：010 - 88191661　QQ：2242791300

总　序

书籍是人类进步的阶梯。通过书籍出版，由语言文字所承载的人类智慧得到较为完好的保存，作者思想得到快速传播，这极大地方便了知识传承与人类学习交流活动。当前，国家和社会对知识创新的高度重视和巨大需求促成了中国学术出版事业的新一轮繁荣。学术能力已成为高校综合服务水平的重要体现，是高校价值追求和价值创造的关键衡量指标。

科学合理的学科专业、引领学术前沿的师资队伍、作为知识载体和传播媒介的优秀作品，是高校作为学术创新主体必备的三大要素。江西财经大学较为合理的学科结构和相对优秀的师资队伍，为学校学术发展与繁荣奠定了坚实的基础。近年来，学校教师教材、学术专著编撰和出版活动相当活跃。

为加强我校学术专著出版管理，锤炼教师学术科研能力，提高学术科研质量和教师整体科研水平，将师资、学科、学术等优势转化为人才培养优势，我校决定分批次出版高质量专著系列；并选取学校“信敏廉毅”校训精神的前尾两字，将该专著系列命名为“信毅学术文库”。在此之前，我校已分批出版“江西财经大学学术文库”和“江西财经大学博士论文文库”。为打造学术品牌，突出江财特色，学校在上述两个文库出版经验的基础上，推出“信毅学术文库”。在复旦大学出版社的大力支持下，“信毅学术文库”已成功出版两期，获得了业界的广泛好评。

“信毅学术文库”每年选取10部学术专著予以资助出版。这些学术专著囊括经济、管理、法律、社会等方面内容，均为关注社会热点论题或有重要研究参考价值的选题。这些专著不仅对专业研究人员开展研究工作具有参考价值，也贴近人们的实际生活，有一定的学术价值和现实指导意义。专著的作者既有学术领域的资深学者，也有初出茅庐的优秀博士。资深学者因其学术涵养深厚，他们的学术观点代表着专业研究领域的理论前沿，对他们专著的出版能够带来较好的学术影响和社会效益。优秀博士作为青年学者，他们学术思维活跃，容易提出新的甚至是有突破性的学术观点，从而成为学术研究或学术争论的焦点，出版他们学术成果的社会效益也不言自明。一般而言，国家级科研基金资助项目具有较强的创新性，该类研究成果常常在国内甚至国际专业研究领域处于领先水平，基于以上考虑，我们在本次出版的专著中也吸纳了国家级科研课题项目研究成果。

“信毅学术文库”将分期分批出版问世，我们将严格质量管理，努力提升学术专著水平，力争将“信毅学术文库”打造成为业内有影响力的高端品牌。

王　乔

2016 年 11 月

前　言

与成熟的股票市场相比，中国A股市场存在散户占比过高、基本的法律制度不健全等缺陷，因而在定价效率方面存在严重问题，股价中包含大量“噪音”，不但股价同步性居高不下，甚至一般的政治事件和谣言就可能导致整个市场的暴涨暴跌（Morck et al.，2000）。另外，中国的股票市场通常被称为“政策市”，这意味着经济政策在资本市场涨跌中发挥着极大的影响力，导致投资者更关注政策方面的信息而忽略企业特质信息，投机性很强。学术界与实务界普遍认为，应对上述问题的重要举措之一就是放松卖空约束。在此背景下，融资融券制度于2010年3月31日引入中国市场，一部分上市公司被允许卖空，自此以后，投资者只能“买涨”不能“买跌”的“单边市”状态正式结束。但是，自融券制度实施之日起，对卖空约束放松的疑虑就一直存在。一个显然的疑问是，卖空机制究竟会给中国资本市场带来什么影响？为了尝试回答这一问题，本书从股票流动性、股价稳定性以及股价信息含量三个重要层面，考察了融券卖空对资本市场定价效率的因果影响、作用机制以及异质性问题。具体而言，本书的基本内容以及研究结论如下：

第一，本书基于卖空机制与股票流动性相关理论，从个股流动性和流动性共性两个方面，检验融券卖空对股票流动性的因果影响。实证分析以2010~2018年A股融资融券标的企业数据为初始研究样本，利用固定效应模型、工具变量、以“转融券”制度作为自然实验等方法考察上述因果关系，实证结果表明，卖空机制提升了个股流动性，同时降低了流动性共性。

第二，本书将股价稳定性分为股价异质性波动与股价崩盘风险两个方面，并借助相关理论与实证模型考察融券卖空对股价稳定性的因果影响。

研究发现，卖空交易抑制了股价异质性波动和股价崩盘风险，在缓解内生性问题后，上述结论依然稳健。为了进一步加强研究问题的深度，本书还进行了两个方面的拓展：一方面，本书在GMM模型中的计量框架下进一步考察卖空机制对股价异质性波动/股价崩盘风险的影响，结论与基础分析保持一致，这一研究结论进一步加强了融券卖空与股价稳定性的因果关系；另一方面，本书从投资者情绪这一独特角度考察卖空机制对股价稳定性的影响，结果发现，卖空机制能够抑制投资者情绪，因而有利于稳定股票市场，提升资本市场定价效率。这一结论进一步深化了基础理论的预测，与基础结论共同为卖空机制的股价稳定效应提供了坚实的证据。

第三，本书从股价非同步性与股价高估的双重视角，考察了融券卖空对股价信息含量的因果影响。实证结果表明，卖空机制提高了股价非同步性，也降低了股价高估，在有效缓解内生性问题后，上述结论依然成立。上述结论意味着，融券卖空能够提升股价信息含量，进而提高定价效率。

第四，本书进一步分析了融券卖空影响定价效率的作用机制，即融券卖空主要通过何种渠道影响定价效率（流动性、稳定性、股价信息含量）？为了回答这一问题，本书重点考察融券卖空影响定价效率的作用渠道——企业信息透明度渠道。一方面，卖空投资者获利的主要方式就是挖掘企业负面信息，这就极大地提高了企业管理层隐藏负面信息的成本。当卖空约束放松导致股价下行压力加大时，为了避免自身财富缩水，管理层就必须准确、合规地披露信息。另一方面，卖空交易者使企业负面信息不断融入股价中，也必然会吸引更多分析师跟踪（张璇等，2016），降低企业与外部投资者之间的信息不对称。而企业信息透明度的改善无疑会提高资本市场定价效率。本书利用中介效应模型、交乘项模型对传导机制做出检验，结果发现，融券卖空确实通过企业信息透明度渠道提高了资本市场定价效率。

第五，本书还深入研究了融券卖空对定价效率的影响在不同约束条件下是否存在差异。具体来讲，我们重点考察在不同外部治理环境（分析师跟踪频率、产品市场竞争程度）、不同内部治理环境（管理层权力、企业成长性、产权性质）以及不同市场状态（牛、熊市）之下，融券卖空对资本市场定价效率的影响是否存在差异，研究结果表明，融券卖空对资本市场定价效率（流动性、稳定性、股价信息含量）的提升效应在内、外部治理环境更差的企业以及在牛市期间表现得更加明显。由于具有上述特征的企业，其信息透明度一般较低，因此，这一研究结论再次说明，卖空机制能够通过改善企业信息透明度来提高资本市场定价效率。

本书的创新点主要体现在以下几个方面：第一，本书解决了国内“卖空机制与定价效率”文献中长期存在的内生性问题。通常来讲，在中国背景下讨论“卖空与定价效率”的文献一般利用融资融券制度下两融标的扩容这一事件缓解可能存在的内生性问题。然而，从融资融券制度的角度考察卖空行为如何影响股票市场，至少存在两个问题：一方面，融资与融券是两种截然不同的行为，两者对定价效率的影响存在明显区别，因此以融资融券变更作为解释变量，很难把经济后果完全归咎于卖空行为；另一方面，监管部门新增或剔除两融标的时，通常以流动性、波动性等指标为决策依据，导致两融标的与定价效率之间存在相互影响的内生性问题。换言之，两融标的扩容很难作为研究卖空行为的纯外生事件。基于以上考虑，本书综合利用工具变量法、以“转融券”制度作为自然实验缓解了这一领域面临的内生性问题。第二，本书从微观企业角度考察了卖空机制影响资本市场定价效率的作用渠道，从而进一步厘清了卖空机制与资本市场定价效率之间的因果关系。本书的经验研究发现，在卖空约束放松之后，当卖空投资者发现企业管理层有隐藏企业负面信息的行为，就可以利用这一消息卖空该公司的股票，由于卖空交易者是知情交易者，他们的行为很可能引起中小股东追随其步伐，导致股票价格下跌。通常来讲，管理层的职业生涯、薪酬等与股价紧密相关，因此股价下跌很可能造成经理人的职业危机或薪酬减少。考虑到这种不利的“滚雪球”效应，管理层就必须及时、准确、合规地披露信息。而企业信息透明度恰恰是影响资本市场定价效率的核心因素。本书的实证研究证实了中国情境下确实存在“融券卖空增加→企业信息透明度改善→定价效率提高”的传导机制。这个发现为深入理解融券卖空对定价效率是如何产生提升效应的影响机制，提供了以往文献较少关注到的经验证据。虽然学者们关注了影响融券卖空与资本市场定价效率两者之间的相关关系，然而，基于现有文献，还是难以明确融券标的对象的筛选准则。依据提高资本市场定价效率的目标，融券标的企业应该是具有什么特征的企业？不同市场状态是否影响卖空交易的作用效果？本书试图通过微观数据的分析，解答以上这些问题，为监管部门选择或剔除融券标的对象提供依据，从而使卖空政策的实施更有针对性，由此达到利用卖空机制提升资本市场定价效率的目标。

目　　录

第1章　导　　论

1.1　研究背景

在一个有效的股票市场中，价格可以引导稀缺资源获得最大收益，而股票价格的这一功能能否正常发挥，取决于其是否能够充分反映企业的内在价值。通常来讲，与成熟的股票市场相比，中国 A 股市场存在散户占比过高、基本的法律制度不健全等缺陷，因而在定价效率方面存在严重问题，股价中包含大量“噪音”，不但股价同步性居高不下，甚至一般的政治事件和谣言就可能导致整个市场的暴涨暴跌（Morck et al.，2000）。另外，中国的股票市场通常被称为“政策市”，这意味着宏观的经济政策在资本市场涨跌中发挥着极大的影响力，导致股票市场投资者更关注政策方面的信息而忽略企业层面的特质信息，投机性很强。学术界与实务界普遍认为，应对上述问题的重要举措之一就是放松卖空约束。在此背景下，融资融券制度于2010 年3 月31 日被引入中国资本市场，一部分上市公司被允许卖空，自此以后，股票投资者只能“买涨”不能“买跌”的“单边市”状态正式结束。但是，自融券制度实施之日起，对卖空约束放松的疑虑就一直存在。一个显然的疑问是，卖空机制究竟会给中国资本市场带来什么影响？

一方面，众多文献表明，卖空机制稳定了市场，缓解了错误定价，进而改善了资本市场定价效率。例如，Miller（1977）在其关于卖空机制的开创性文献中发现，存在卖空限制的股票市场中，掌握负面信息的悲观投资者被迫退出市场交易，由此导致股价高估。因此，为了缓解错误定价，市场中应该引入卖空机制，让悲观投资者的观点在市场中能够得到充分表达。此外，现有研究还表明，卖空机制能够稳定市场、防止股价过度波动，甚至抑制股价暴跌风险（Chang et al.，2007；Bohl et al.，2016；Allen & Gale，1991；Morris & Shin，1998）。另一方面，也有研究表明，市场中引入卖空机制会加大市场波动，降低定价效率。例如，Allen 和 Gale（1991）认为，卖空约束放松反而可能使市场环境恶化，加大股市崩盘风险。Morris 和 Shin（1998）认为，即使市场基本面是好的，但是由于投资者对信息的解读可能大相径庭，很可能导致卖空交易者的错误判断，进而加大股市波动。

卖空机制不但在学术界争议颇大，在实务界也存在严重分歧。一部分人认为，卖空机制的引入是资本市场的福音，甚至有人将其誉为“矿井边的金丝雀”。然而，在政策实践上，尤其是 2008 年金融危机期间，许多国家都出台了限制卖空的举措，甚至就连经常标榜金融创新的美国也加入了这一行列。在我国，从 2015 年 6 月 12 日开始，在不到一个月的时间里，各个股指跌幅巨大。相应地，整个市场的流动性水平也达到最低值；与此同时，个股跌幅超过 30% 的上市公司达到 3529 家，整个市场的流动性近乎枯竭。随后，部分媒体和业界人士将“股灾”的原因归结为卖空机制的引入，其原因是，在卖空投资者中间可能存在股价操纵行为，他们可能利用自身的信息优势打压股价，最终导致股价大跌。迫于各方面的压力，在此期间，各大券商暂停了融券业务。然而，禁止卖空行为就一定能稳定市场吗？带着这样的疑问，权威机构对“股灾”的原因进行了深入调查，并发布了研究报告《完善制度设计，提升市场信心》。这一报告认为，股价暴跌的根源并不在于卖空交易。恰恰相反，市场机制不协调才是导致这次“股灾”的真正元凶。

卖空机制在发达国家虽然已经成为一项成熟的交易制度，但在我国 A 股市场，却是一个新生事物，因而其背后的作用机理尚不清楚。第一，现有关于卖空机制的文献基本上以发达国家为研究样本，然而，由于发展阶段不同，内生于特定发展阶段的股票市场也存在较大差异，例如，投资者专业化程度、信息环境等均有很大不同，因而来自发达国家的结论在发展中国家是否适用存在较大疑问。第二，有关我国卖空机制的作用效果，在文献中也存在较大分歧。例如，李志生等（2015）研究发现，融资融券制度的推出提高了股票价格的稳定性，这一结论获得了一定的经验数据支持（窦泽群等，2016；唐松等，2016）。但也有学者针对融资融券制度得出了相反的结论，陈海强与范云菲（2015）指出，卖空限制放松加剧了股市波动率。褚剑与方军雄（2016）的研究也发现融券制度的推出加剧了股市崩盘风险。第三，在中国背景下讨论“卖空与定价效率”的文献一般利用融资融券制度下两融标的扩容这一事件缓解可能存在的内生性问题。然而，从融资融券制度的角度考察卖空行为如何影响股票市场，至少存在两个问题：一方面，融资与融券是两种不同的投资行为，两者对定价效率的影响存在明显区别，因此以融资融券变更作为解释变量，很难把经济后果完全归咎于卖空行为；另一方面，监管部门选择两融标的时，通常以波动性、流动性等指标为决策依据，导致两融标的与定价效率之间存在相互影响的内生性问题。换言之，两融标的扩容很难作为研究定价效率的纯外生事件。第四，众多文献从理论上或实证上分析和检验了卖空机制对定价效率的影响，但是鲜有文献考察卖空机制影响定价效率的作用渠道，这会导致只看到卖空机制与定价效率两者之间表面的相关性，而不能深入了解这背后的因果机制。第五，以往有关卖空机制与定价效率关系的研究多集中在整个金融市场层面。然而，与宏观的金融市场数据相比，微观企业数据包含更多企业层面的特质信息，因而有利于考察在卖空约束放松之下的异质性问题。同时，大样本也使估计更有效率（张莉等，2019）。因此，从微观企业的角度研究卖空约束对定价效率的影响，可以使我们更加准确地评估卖空政策的经济后果，进而更好地明确融券标的企业的筛选准则。

考虑到以上文献缺憾，本书利用微观融券标的企业数据，从因果识别、机制检验以及异质性分析这三个重要层面考察融券卖空对定价效率的作用效应，以期更好地理解在中国这一转型经济体中，卖空机制究竟会对资本市场产生何种影响。

1.2 研究意义

1.2.1 理论意义

（1）长久以来，资产定价问题一直是金融市场理论关注的核心问题。

从理论上来看，“卖空机制与定价效率”这一主题也已经成为学术界关注的焦点问题。理论而言，卖空机制影响资本市场定价效率的作用机制有着清晰的逻辑基础：一方面，卖空投资者获利的主要方式就是挖掘企业负面信息，这就极大地提高了企业管理层隐藏负面信息的成本，当卖空约束放松导致股价下行压力加大时，为了避免自身财富缩水，管理层就必须及时、准确、合规地披露信息；另一方面，卖空交易者使企业负面信息不断融入股价中，也必然会吸引更多分析师跟踪（张璇等，2016），降低企业与外部投资者之间的信息不对称，增加管理层自利成本，进而提升企业信息披露质量。总之，卖空限制解除以后，企业信息透明度会得到明显提高，而企业信息透明度的改善无疑是提高资本市场定价效率的决定性因素。然而，这一看似直观的理论却面临着内生性问题的困扰。在这一背景下，本书同时利用固定效应模型、工具变量法、以中国独有的“转融券”制度作为自然实验等方法缓解内生性问题，厘清了卖空机制与资本市场定价效率之间的因果关系，从而有助于丰富现有关于卖空机制的理论，为“卖空机制与定价效率”这一研究主题带来了新兴国家的证据。

（2）卖空机制与资本市场定价效率之间存在一定相关性，这一结论已被学术界广泛认同。然而，卖空交易究竟通过何种渠道影响定价效率呢？这一作用渠道长期被经验研究所忽视。有鉴于此，本书从企业信息透明度的视角实证检验了卖空机制影响资本市场定价效率的作用渠道，从而有助于形成关于卖空机制到个股定价效率的完整逻辑链条，由此加深对金融创新如何贡献于资本市场配置效率的理解。

（3）在不同类型企业之间、不同市场状态（牛、熊市）下，卖空机制对资本市场定价效率的影响是否存在差别？以往有关卖空机制与定价效率关系的研究多集中在宏观层面（尤其是关于波动性、流动性的研究），而忽视了企业层面的特质信息，从而不利于考察在卖空约束放松之下的异质性问题。因此，本书基于微观企业数据，考察在不同外部治理环境（分析师跟踪频率、产品市场竞争程度）、不同内部治理环境（管理层权力、企业成长性、产权性质）以及不同市场状态（牛、熊市）之下，融券卖空对资本市场定价效率的影响是否存在差异，从而为卖空政策的精准实施提供重要的理论基础。

1.2.2　现实意义

卖空机制到底是天使还是魔鬼？长期以来，这种争论就一直没有停息过。在此背景下，中国股票市场依然引入了融资融券制度。但是，自该制度实施之日起，对卖空约束放松的疑虑就一直存在，尤其在2015年的股灾发生之后，更多人把卖空机制看成引发这场股灾的真正“元凶”。

在这一背景下，本书重点考察融券卖空对定价效率的因果影响、作用机制以及异质性问题，发现融资融券制度的实施对定价效率具有一定的促进作用。从政策实践上看，一方面，本书的研究提供了直接证据，为我国监管机构继续完善继续扩大融券标的名单、降低卖空交易成本，由此进一步推动金融市场改革提供了重要的经验证据；另一方面，鉴于卖空约束放松的作用效果在不同企业之间存在异质性，因此，政府应该制定差异化的卖空政策，全面激发不同类型企业定价效率的提升，使卖空政策的实施更有针对性，由此达到卖空机制的定价效率提升目标。

1.3　定价效率的概念界定

在经济学研究中，“效率”一词有着明确的定义，是指收益与投入的比值，这一比值越大，意味着效率越高。股票市场中的“效率”定义则是经济效率内涵在股票市场中的具体体现，主要是指股票市场的资源配置功能是否能够得到充分发挥，这一过程包括市场对知情交易者的信息进行汇总的能力、交易运行速度、资产定价等各个环节。由于价格是资源配置的核心，因此股票市场的核心和基础就是其定价效率。只有股价充分反映企业内在价值，才能更好地缓解企业与投资者之间的信息不对称，进而有效发挥投资者的监督功能并降低投资者对企业价值判断的不确定性。

本书所研究的股票市场定价效率是指股票价格对信息的有效揭示。根据这一定义，本书中资本市场定价效率的内涵包括三个方面：其一，股票流动性。流动性作为股票市场的灵魂，是衡量定价效率的重要指标，也是市场生命力的所在，如果股票市场流动性匮乏，交易将无法完成，股票价格也无法对信息做出及时、有效的反应。其二，股价稳定性。稳定性作为衡量市场定价效率的另一个指标，对于投资者、监管者和证券市场功能的发挥具有重要的意义。其三，股价信息含量。信息可以看作是决定证券价格的最重要因素，股价信息含量是有效市场理论的重要基础。在卖空约束放松以后，股票市场质量必然会在股票流动性、股价稳定性以及股价信息含量中得到充分体现。因此，本书将会从股票流动性、股价稳定性、股价信息含量三个层面分析融券卖空对资本市场定价效率的因果影响。

1.4 研究内容与研究框架

本书在前人的基础上，以中国的卖空约束放松为研究背景，围绕融券卖空与股票市场定价效率问题进行考察。整体而言，本书主要研究三个大问题：定价效率是否会受到融券卖空的影响？如果存在影响，这一影响的作用机制又是什么？在不同约束条件（企业外部治理环境、内部治理环境、市场状态）下，这一影响有怎样的差异？具体而言，本书的研究思路与研究框架如下：

第1章：导论。首先，总结了卖空机制是否会提高资本市场定价效率的争议之处，再具体到A股市场卖空约束放松的真实情况，归纳出本书所要研究的问题。其次，阐明了研究意义、概念界定、研究内容与研究框架。最后，指出了本书的创新点与不足之处。

第2章：卖空机制介绍、融券制度背景与文献综述。本章分为三个部分，第一部分简要总结了卖空机制相关定义，第二部分回顾了融券制度的发展历程。在第三部分的文献综述中，从四个层面回顾了卖空机制对定价效率的影响，以期形成关于卖空机制影响定价效率的完整的逻辑链条：其一，梳理了卖空交易者的交易动机；其二，回顾了卖空机制与资本市场定价效率（股价信息含量、股价波动性以及股票流动性）之间的关系；其三，回顾了卖空交易的作用机制，即卖空交易者究竟可能通过何种渠道对资本市场定价效率产生影响；其四，对现有文献做出简要的评述，并指出现有文献存在的不足。

第3章：融券卖空与股票流动性。本章基于卖空机制与股票流动性相关理论，从个股流动性和流动性共性两个方面，考察卖空机制对股票流动性的因果影响。实证分析以2010～2018年A股融资融券标的企业数据为初始研究样本，利用固定效应模型、工具变量、以“转融券”制度作为自然实验以及以“融资融券”制度作为自然实验等方法对上述因果关系做出检验，实证结果表明，卖空机制提升了个股流动性，并同时降低了流动性共性。

第4章：融券卖空与股价稳定性。本章将股价稳定性分为股价异质性波动与股价崩盘风险两个方面，并借助相关理论与实证模型考察融券卖空对股价稳定性的因果影响。研究发现，卖空交易抑制了股价异质性波动，也缓解了股价崩盘风险，在缓解内生性问题后，该结论依然稳健。为了进一步加强研究问题的深度，本章还进行了两个方面的拓展：一方面，本书在GMM模型中的计量框架里进一步考察卖空机制对股价异质性波动/股价崩盘风险的影响，结论与基础分析保持一致，这一研究结论进一步加强了融券卖空与股价稳定性的因果关系；另一方面，本书从投资者情绪这一独特角度考察卖空机制对股价稳定性的影响，结果发现，卖空机制能够抑制投资者情绪，因而有利于稳定股票市场，提升资本市场定价效率。这一结论进一步深化了基础理论的预测，与基础结论共同为卖空机制的股价稳定效应提供了坚实的证据。

第5章：融券卖空与股价信息含量。本章从股价非同步性与股价高估的双重视角，考察了卖空交易对股价信息含量的因果影响。实证结果表明，卖空机制提高了股价非同步性，也降低了股价高估，在有效缓解内生性问题后，上述结论依然成立。这意味着，卖空机制能够提升股价信息含量，进而提高定价效率。

第6章：融券卖空与定价效率：影响渠道检验。第3章至第5章主要考察融券卖空对定价效率的因果影响，而本章研究的主要问题是，融券卖空主要通过何种渠道影响定价效率（流动性、稳定性、股价信息含量）？为了回答这一问题，本章重点考察卖空交易影响定价效率的作用渠道——企业信息透明度。一方面，卖空投资者获利的主要方式就是挖掘企业负面信息（Diamond & Verrecchia，1987），这就极大地提高了企业管理层隐藏负面信息的成本，当卖空约束放松导致股价下行压力加大时，为了避免自身财富缩水，管理层就必须及时、准确、合规地披露信息；另一方面，卖空交易者使企业负面信息不断融入股价中，也必然会吸引更多分析师跟踪（张璇等，2016），降低企业与外部投资者之间的信息不对称。而企业信息透明度的提高无疑会提高资本市场定价效率。本书利用中介效应模型、交乘项模型对该机制做出检验，结果发现，卖空交易确实通过企业信息透明度渠道提高了资本市场定价效率。

第7章：融券卖空与定价效率：异质性分析。本章重点考察在不同外部治理环境（分析师跟踪频率、产品市场竞争程度）、不同内部治理环境（管理层权力、企业成长性、产权性质）以及不同市场状态（牛、熊市）之下，融券卖空对资本市场定价效率的影响是否存在差异，研究结果表明，融券卖空对资本市场定价效率（流动性、稳定性、股价信息含量）的提升效应在内、外部治理环境更差的企业以及在牛市期间表现得更加明显。由于具有上述特征的企业，其信息透明度一般较低，因此这一研究结论再次说明，卖空机制能够通过改善企业信息透明度来提高资本市场定价效率。

第8章：结论、政策建议与研究展望。本章主要总结全书研究结论，并进一步结合融券卖空的微观传导机制，提出能够有效促进资本市场定价效率的政策建议，最后根据本书的研究不足之处提出下一步的研究方向。

本书的结构框架如图1-1所示。

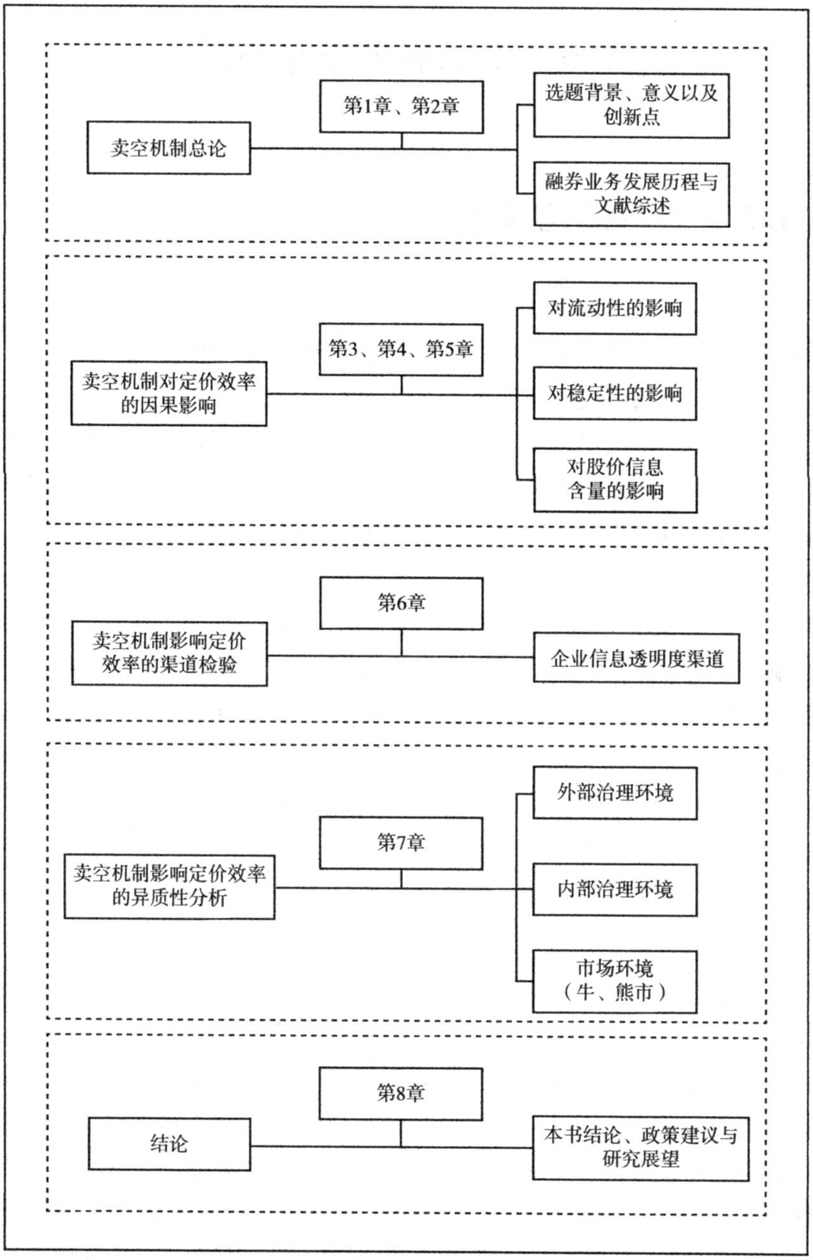
卖空机制总论
第1章、第2章
选题背景、意义以及创新点
融券业务发展历程与文献综述
卖空机制对定价效率的因果影响
第3、第4、第5章
对流动性的影响
对稳定性的影响
对股价信息含量的影响
卖空机制影响定价效率的渠道检验
第6章
企业信息透明度渠道
卖空机制影响定价效率的异质性分析
第7章
外部治理环境
内部治理环境
市场环境（牛、熊市）
结论
第8章
本书结论、政策建议与研究展望

图1-1　本书的结构框架

1.5 本书的创新与不足

1.5.1 本书的创新之处

本书在中国A股市场卖空约束不断放松的背景之下，围绕融券卖空对资本市场定价效率的因果影响、作用机制以及异质性问题展开分析。与已有文献不同，本书的贡献主要体现在以下几个方面：

第一，本书解决了国内“卖空机制与定价效率”文献中长期存在的内生性问题。通常来讲，在中国背景下讨论“卖空与定价效率”的文献一般利用融资融券制度下两融标的扩容这一事件缓解可能存在的内生性问题。然而，从融资融券制度的角度考察卖空行为如何影响股票市场，至少存在两个问题：一方面，融资与融券是两种截然不同的行为，两者对定价效率的影响存在明显区别，因此以融资融券变更作为解释变量，很难把经济后果完全归咎于卖空行为；另一方面，监管部门选择两融标的时，通常以流动性、波动性等指标为决策依据，导致两融标的与定价效率之间存在相互影响的内生性问题。换言之，两融标的扩容很难作为研究卖空行为的纯外生事件。基于以上考虑，本书综合利用工具变量法、以“转融券”制度作为自然实验缓解了这一领域面临的内生性问题。

第二，从微观企业角度考察了卖空机制影响资本市场定价效率的渠道，从而进一步厘清了卖空机制与资本市场定价效率之间的因果关系。本书发现，在卖空约束放松之后，当卖空投资者发现企业管理层有隐藏企业负面信息的行为，就可以利用这一消息卖空该公司的股票，由于卖空交易者是知情交易者，他们的行为很可能引起中小股东追随其步伐，导致股票价格下跌。通常来讲，管理层的职业生涯、薪酬等与股价紧密相关，因此股价下跌很可能造成经理人的职业危机或薪酬减少。考虑到这种不利的“滚雪球”效应，管理层就必须准确、合规地披露信息。而企业信息透明度恰恰是影响资本市场定价效率的核心因素。本书的实证研究验证了中国情景下确实存在融券“卖空增加→企业信息透明度改善→定价效率提高”

的传导机制。这个发现为深入理解融券卖空对定价效率是如何产生提升效应的影响机制，提供了以往文献较少关注到的经验证据。

第三，虽然学者们关注了融券卖空与资本市场定价效率两者之间的相关性，然而，基于现有的文献，还是难以明确融券标的对象的筛选准则。依据提高资本市场定价效率的目标，融券标的企业应该是具有什么特征的企业？不同市场状态是否影响卖空交易的作用效果？本书试图通过实证数据的分析，解答以上这些问题，为监管部门选择融券标的对象提供依据，从而使卖空政策的实施更有针对性，由此达到利用卖空机制提升资本市场定价效率的目标。

第四，此前文献卖空机制对定价效率的影响多集中于对整个金融市场的考察，而本书结合中国上市公司微观数据，对卖空约束放松的影响拓展到微观层面，有助于监管部门更好地审视融券卖空影响定价效率的微观传导效应。

1.5.2　本书的不足之处

本书的研究也存在以下不足：首先，本书对融券卖空作用效应的研究只是以文字逻辑的形式提出不同理论假设，同时据此做出计量检验，并未着眼于数理模型的构建；其次，卖空交易者虽然通过企业信息透明度渠道提高了资本市场定价效率，但其信息优势主要来自卖空投资者对公共信息的解读不同，还是来自卖空投资者的私有信息挖掘，抑或是两者兼而有之，这一问题本书并未加以考察，这也是未来值得探究的研究方向。

第2章　卖空机制介绍、融券制度背景与文献综述

卖空机制作为一种重要的交易制度，在成熟的欧美资本市场中已有很长的历史，并且得到了比较完善的发展，关于卖空机制的文献也非常丰富。然而，由于引入时间短，我国的融券制度与欧美发达国家的卖空交易制度仍然存在较大差异。因此，在研究我国的卖空交易制度时，必须考虑到中国资本市场的实际情况，并充分借鉴国外卖空机制的理论成果。基于以上考虑，本章首先介绍了卖空机制的基本概念、中国融资融券制度的发展历程，然后梳理了国内外卖空机制的相关文献。

2.1　卖空机制介绍

2.1.1　卖空的定义

卖空是指投资者向具有融券业务资格的经纪提供一定担保物，借入可融券的股票并卖出，同时在规定的时间内将股票归还给经纪并支付一定利息的行为。作为证券交易系统的一项创新，卖空机制为投资者提供了多元化的投资机会和对冲风险的手段。首先，在有卖空限制的市场中，持悲观信念者被迫退出市场交易，市场价格仅仅反映了乐观投资者的观点，进而导致股价高估。其次，在不能做空的市场中，投资者要想获利就只能低价买入和高价卖出，而当股价下跌时，除了暂时退出市场之外，没有其他方法可以避免风险。卖空机制的引入有效地解决了这一“单边市场”的弊

端。当投资者看空市场时，他们可以执行卖空交易并在股价下跌时获利。在熊市中，投资者还可以通过卖空来对冲风险。

2.1.2 卖空投资者面临的风险

相比买多，卖空交易的风险会更高，卖空者面临的风险主要包括股价上涨风险、保证金不足风险、挤压风险及强制平仓风险。(1) 股价上涨风险：卖空交易者主要从目标股票的下跌中获得收益。然而，从整个历史趋势来看，大多数股票处于上涨状态。退一步讲，即便上市公司的盈利能力很弱且长期无法提高，通货膨胀也可能在最大程度上推高股价。这就意味着，卖空投资者要想取得盈利机会，就必须战胜整个市场趋势。就理论而言，股价上涨的空间趋于无穷大，而股价下跌的极限为 0，因此卖空投资者面临无限大的交易风险。(2) 保证金不足风险：保证金不足是卖空投资者面临的另一项风险。在进行保证金交易时，投资者的账户必须维持最低的保证金要求，如果保证金下跌到这个要求之下，就得被迫平仓。(3)“挤压(squeezed)”风险：当证券融出方由于某种原因要求卖空者归还所借股票时，卖空者必须立即归还，当卖空者在市场中找不到其他替代的股票归还给出借者时，必须以市价买入相等数量的股票还给出借方。如果当时所借股票的价格大于借入时的价格，卖空者就会亏损。(4) 强制平仓风险：当股票价格上涨达到一定阈值时，出借方为规避损失，就会要求卖空者追加保证金，如果卖空者未及时、足额追加担保物，就会被强制平仓、提前关闭卖空头寸，强制平仓会导致投资者保证金部分或全部损失，无法在后面标的证券价格下跌中收回投资。

2.1.3 股票借贷市场

投资者在进行卖空交易前，需要通过股票借贷市场借入相应股票。股票借贷市场的基本要素包括股票需求、供给以及相关的交易费用。

一般而言，卖空投资者与证券经纪之间具有两种费用关系：其一，卖空投资者为了进行卖空交易而向证券经纪借入股票，需要向证券经纪支付一定的利息；其二，证券经纪因为占用了卖空投资者的资金而向卖空投资者支付的利息，这种利息有一个特定名字，称为卖空退税率（rebate rate）。具体而言，当卖空投资者从券商处借入股票并将其抛售后，卖空投资者必须将获得的资金放在券商特定的账户中，券商经纪可以使用这笔资金，同时向卖空投资者支付一定的利息，其利息率就是卖空退税率。由于卖空退税率与卖空投资者面临的交易成本关系密切，因此有关卖空机制的相关文献中直接用其衡量卖空成本。值得注意的是，在我国的A股市场中，卖空交易中的卖空退税率为0。

2.2 中国融资融券制度发展概况

2010年3月30日，沪深交易所分别发布公告，宣布将于2010年3月31日正式开放保证金交易系统，并开始接受试点会员的融资融券业务申请，融资融券业务正式启动。卖空机制的引入，结束了我国的“单边市”时代，是中国资本市场具有里程碑意义的制度事件。根据沪深交易所的《融资融券交易实施细则》，融资融券标的的选择依据如下标准：第一，融资融券标的企业必须参与上市交易超过三个月。第二，融券标的企业的股东不能少于4000人。第三，在加入标的名单之前三个月没发生过以下情形：（1）日均换手率低于基准指数的15%；（2）日均涨跌幅平均值与基准指数涨跌幅平均值的偏离程度要超过4%；（3）波动幅度要达到基准指数波动幅度的5倍以上。第四，在加入融券标的之前，已经完成了股权分置改革。第五，基金持有户数不得少于2000家。

融资融券试点启动后，又经历了几次扩容，更多符合要求的上市公司加入这一名单中来。截至2015年12月31日，融资融券业务已发生以下变更：（1）2011年11月25日（增加到278只）；（2）2013年1月25日（增加到500只）；（3）2013年9月16日（增加到700只）；（4）2014年9月12日（增加到900只）。

值得注意的是，在融资融券发展过程中，存在融券规模太小以及进入门槛过高等问题，因此，在融资融券业务推行以后，融资规模远远超过融券规模。为缓解券源不足问题，中国证券金融公司在2013年2月28日起对融资融券标的股票推行转融券业务，在该制度推行以后，证金公司可以向上市公司股东借入股票，然后融出给券商，再经由券商向卖空交易者借出证券。截至 2015 年，转融券前后共经历四次扩容，分别为 2013 年 2 月 28 日（98 家）、2013 年 9 月 16 日（200 家）、2014 年 6 月 23 日（341 家）以及 2015 年 4 月 30 日（268 家）。现有文献认为，中国资本市场上这一独有的转融券制度为研究卖空机制提供了绝佳的自然实验（苏东蔚、倪博，2018）：首先，转融券制度的推出，可融股票的供给量出现外生增加，大大降低了卖空交易成本，因而会影响卖空交易行为，从而满足相关性条件；其次，转融券标的并非依据某一企业特征选入，因此不太可能受企业行为的影响。而且，转融券制度与定价效率之间并无直接的因果关系，该制度影响定价效率只能通过融券供给量渠道。

2.3　文献综述

卖空机制到底是天使还是魔鬼？长期以来，这种争论就一直没有停过。虽然绝大多数学者认为卖空机制有助于提高定价效率，甚至有人将其誉为“矿井边的金丝雀”。然而，在政策实践上，许多国家都出台了限制卖空的举措，甚至就连经常标榜金融创新的美国也加入了这一行列。在此背景下，中国股票市场依然引入了融资融券制度，一部分上市公司被允许卖空，意味着投资者只能“买涨”不能“买跌”的单边市状态正式结束。然而，由于引入时间短，我国的融资融券制度的诸多缺陷也为业内人士诟病，例如，融券规模太小，仅占 A 股流通股的 0.019%（顾乃康等，2017）；进入门槛过高，参与卖空的投资者必须开户满 6 个月（顾琪等，2017）。可见，较之成熟的资本市场，我国的融资融券制度还有待完善。同时，这些缺陷也引起了各界的持续争论（倪骁然、朱玉杰，2017），其中一个显然的疑问是：作为尚待完善的中国式卖空，究竟会带来怎样的影响？在正式检验卖空机制的作用之前，有必要对卖空机制的相关文献进行详细的回顾。

基于此，本章将对卖空机制的相关文献进行详细梳理，从而形成关于卖空机制影响定价效率的完整的逻辑链条。首先，这一部分梳理了卖空交易者的交易动机。为了更有针对性地提出鼓励卖空交易的对策，并防范卖空交易可能带来的市场风险，就必须厘清卖空交易者的交易动机，进而为提升资本市场定价效率，改善公司治理水平提供重要帮助。其次，这一部分将回顾卖空机制与资本市场定价效率（股票流动性、股价稳定性以及股价信息含量）之间的关系。再次，本章将回顾卖空交易的作用机制，即卖空交易者通过何种渠道对资本市场定价效率产生影响。最后，本章将对现有文献做出简要评述，并指出现有文献不足。

与现有研究（包括相关文献述评）相比，这一部分有以下3个方面的创新：(1）本书主要从微观企业视角区分了卖空交易的不同动机。(2）与以往文献相比，本书的文献综述梳理了卖空机制影响资本市场定价效率的三个可能的作用渠道，分别是会计信息质量、管理层信息披露以及分析师预测准确性。(3）本书指出了现有文献存在的不足，以及未来研究可拓展的方向。总之，本书对卖空机制相关研究的梳理有助于研究者进一步从微观视角理解卖空机制如何影响资本市场定价效率，并提出差异化的政策建议。

2.3.1 卖空投资者的交易动机

厘清卖空交易者的交易动机有助于有针对性地提出鼓励卖空交易，同时化解潜在风险。现有研究对卖空交易的动机做出了一些探索，且得到的结论较为一致。总体来看，有关卖空投资者交易动机的文献表明，存在潜在负面信息挖掘空间的企业是卖空投资者的主要交易对象。例如，Geczy等（2002）认为，卖空投资者更可能对存在股价高估的企业发起卖空攻势，因为相较于股价能够反映内在价值的企业，股价高估的企业存在更大的负面信息挖掘空间。Dechow等（2001）的研究也表明，基本面较差的企业更容易被卖空交易者盯上，进而遭遇较强的卖空威胁。Christophe等（2004）、Boehmer等（2012）发现，在令人失望的收益公告或者分析师评级下降之前，卖空投资者可能进行卖空交易，说明在企业负面信息被公众了解之前，已经能够被卖空投资者识别出来。Henry等（2015）研究发现，在企业的信用评级下调之前，卖空投资者会增加卖空交易量。Karpoff和Lou（2010）认为，卖空投资者很可能在发现企业发生违规行为之前进行交易。Engelberg等（2012）的研究表明，卖空投资者会在企业爆出负面新闻之前进行卖空交易。这些文献均表明，卖空交易者非常善于挖掘企业负面信息，并以此作为卖空交易的重要动机。

然而，由于发展阶段不同，内生于特定发展阶段的股票市场也存在较大差异，因而来自发达国家的结论在发展中国家是否适用存在较大疑问。那么，在资本市场交易制度尚待完善的中国，面对完全不同的约束条件，卖空交易者的交易动机与国外卖空投资者之间是否存在差异呢？随着融资融券制度在中国资本市场的推行，国内学者对中国卖空交易的动机也做出了少量研究，且发现中国卖空投资者的交易动机与国外卖空投资者一样，对存在负面信息挖掘空间的企业更感兴趣。例如，顾乃康、周艳利（2017）以融资融券制度在中国的实施作为研究背景，对卖空交易者的交易动机做出考察，结果发现，盈余管理程度较高、公司治理水平较差的企业更容易受到卖空威胁，因为这两类企业的负面信息挖掘空间更大，因而对这两类企业进行卖空交易的潜在利益也就更大。陈怡欣等（2018）的研究也表明，分析师跟踪更少的企业，其信息透明度更低，进而为卖空投资者创造了较大的负面信息挖掘空间，因而这类企业也更容易遭遇卖空威胁。

2.3.2 卖空机制与定价效率

这一部分所涉及的定价效率是指证券市场上金融产品的价格对信息的有效揭示。这一部分将围绕股价稳定性、股价流动性、股价信息含量来回顾卖空机制对定价效率的影响。

（1）卖空机制与股票流动性。

Brogaard 等（2017）的研究表明，卖空机制提升了股票流动性。王性玉、王帆（2013）考察了做空机制对整个市场流动性的影响，结果发现，融券交易额与股票流动性之间存在稳定的协整关系。谢黎旭等（2018）以中国的融资融券制度作为研究背景，利用2011～2013年的三次扩容考察了卖空机制如何影响标的股票流动性，结果发现，融券交易降低了交易成本，进而提升了股票流动性，且随着融资融券业务的扩展，这种影响渐次加深。

总体来看，卖空机制如何影响股票流动性的文献相对稀少，且现有文献并未对卖空机制影响股票流动性的理论基础做出详细说明，同时缺乏对传导机制的验证。此外，在中国背景下讨论卖空机制与流动性的关系时，面临严重的内生性问题，其原因是，证监会在选择两融标的时，本身会考虑股票流动性，这就导致股票流动性与两融标的之间存在互为因果的问题，进而可能导致估计结果失真。

（2）卖空机制与价格稳定性。

这个层次的研究主要集中在卖空机制对股价波动与股市崩盘风险的影响，国内外学者在这个问题上也莫衷一是。从国外的文献来看，Chang 等（2007）利用中国香港股票市场的数据，发现卖空限制的实施加大了股市波动。Bohl 等（2016）利用非对称马尔科夫区制转移 GARCH 模型，发现那些被禁止卖空的股票出现了更大幅度的波动。以上研究都支持卖空机制能起到稳定市场的作用，但也有一些学者对卖空机制的影响提出不同看法，Allen 和 Gale（1991）认为，在不存在卖空限制时，卖空交易反而可能使市场环境恶化，加大股市崩盘风险。Morris 和 Shin（1998）认为，即使市场基本面是好的，但是由于投资者对信息的理解存在差异，很可能导致卖空交易者的错误判断。这些卖空交易者的卖空行为会引起市场恐慌，进而导致市场波动。国内的文献在这个层次的研究中也存在分歧。李志生等（2015）研究发现，融资融券制度的推出提高了股票价格的稳定性，这一结论获得了一定的经验数据支持（窦泽群等，2016；唐松等，2016）。但也有学者针对融资融券制度得出了相反的结论，陈海强与范云菲（2015）指出，融券交易加剧了股市波动。褚剑与方军雄（2016）的研究也发现，融资融券制度的推出加剧了股市崩盘风险。

（3）卖空机制与股价信息含量。

卖空机制到底如何影响股价信息含量？它们带来了更多信息还是更多噪声？从国外的文献来看，Miller（1977）在其关于卖空机制的开创性文献中发现，卖空限制可能导致资本市场错误定价，该文的基本经济学直觉是：由于卖空限制的存在，持悲观信念者被迫退出市场交易，进而导致股价高估。Diamond 和 Verrecchia（1987）通过建立一个理性预期模型，发现卖空约束限制了股价对于负面信息的敏感程度。无论是 Miller（1977）的模型还是 Diamond 和 Verrechia（1987）的模型，都证明卖空者的交易行为会改进资本市场的定价效率，但也有学者提出卖空交易可能会降低股价信息含量，例如，在 Goldstein 和 Guembel（2008）的理论模型中，卖空交易者的操纵行为给资本市场带来更多噪声，因而阻碍了资本市场定价效率的提升。除了上述理论模型以外，学者也对卖空机制影响股价信息含量做出了众多经验研究。

总的来看，多数经验研究支持 Miller（1977）、Diamond 和 Verrechia（1987）的理论假说，即卖空约束放松有利于改善股价信息含量。例如，Chang 等（2007）的文章指出，卖空限制导致了股价高估，且投资者意见分歧越大，股价高估的现象就越严重。Bris 等（2007）利用46个股票市场的数据对存在卖空限制的市场和允许卖空的市场进行对比，发现在那些允许卖空的股票市场里，负面信息以更快的速度融入股价中。Saffi 和 Sigurdsson（2011）在对26个国家的12600支股票的分析中发现，卖空限制越高，股票的定价效率就越低。Boehmer 和 Wu（2013）利用高频的日度数据，发现卖空交易越活跃，股票价格就越精确。从国内的研究成果来看，大多数文献也都支持 Miller（1977）、Diamond 和 Verrechia（1987）提出的假说，例如，李科等（2014）考察了卖空限制与资本市场错误定价之间的关系，发现不能被卖空的股票，其价格被严重高估。李志生等（2015）研究发现，融券制度的推出改善了融资融券标的股票的定价效率。孟庆斌、黄清华（2018）的研究表明，卖空机制通过向资本市场传递负面信息以及悲观情绪抑制了股价高估。

2.3.3 卖空交易的作用渠道

虽然鲜有文献验证卖空机制影响定价效率的渠道，但现有文献却为卖空机制影响定价效率的可能渠道提供了重要线索。因此，这一部分根据现有文献归纳出卖空机制影响定价效率三个可能的作用渠道，分别是企业会计信息质量、管理层信息披露以及分析师预测准确性。

（1）卖空机制与会计信息质量。

可靠的会计信息质量可以有效提高企业信息透明度，向投资者传递企业层面的信息，从而使投资者获得更多有价值的特质信息，由此提升知情交易者的数量。而知情交易者比例的提高必然导致更多信息融入股价中，由此提高资本市场定价效率。Jin 和 Myers（2006）在其模型中指出，企业之间定价效率的重要差异实际上源于会计信息质量的差异。这种信息的不透明导致知情交易概率的下降。鉴于会计信息质量对定价效率的重要意义，因此，如果卖空机制能够提高企业会计信息质量，那么就意味着会计信息质量是卖空机制影响定价效率的重要渠道。因此，这一部分的文献回顾主要集中于卖空机制对企业会计信息质量的影响。

具体而言，这一部分文献一般通过对盈余管理动机和卖空机制的作用机理进行分析。从国外的文献来看，Christophe 等（2004）发现卖空交易一般会发生在企业发布负向盈余公告之前，这说明卖空者有能力挖掘企业的特质信息，因而对企业盈余管理起到一定的威慑作用，他们的结论得到了后续经验研究的支持（Karpoff et al.，2010；Hirshleifer et al.，2011）。国内学者在这个层次的研究上所得结论也比较统一。例如，陈晖丽、刘峰（2014）以融资融券的逐步推行为研究背景，利用 A 股上市公司数据，考察了卖空机制对企业盈余管理的研究，结果发现，相对于没有加入融资融券名单的企业，加入融资融券名单的企业具有更低的盈余管理水平，且融券卖空对盈余管理的抑制效应在市场化水平较低的区域以及大股东缺乏制衡的企业中表现得更加明显。顾琪等（2015）研究发现，中国的卖空投资者能够准确甄别盈余管理问题严重、会计信息失真的企业，进而对这一类企业进行卖空交易由此起到抑制盈余管理的作用。张璇等（2016）认为，相对于不能卖空的上市公司，那些允许卖空的上市公司发生财务重述的次数明显减少，且其可能的作用渠道是薪酬契约激励与分析师跟踪。贺学会等（2016）的研究表明，卖空投资者与资本市场上的其他监督者在一定程度上起到了联合监督的作用，由此抑制了企业的融资型盈余管理。上述文献虽然没有直接考察卖空机制与资本市场定价效率的关系，但却指出了卖空机制影响定价效率的可能性渠道——企业会计信息质量。

（2）卖空机制与管理层信息披露。

管理层信息披露也可能是卖空机制影响定价效率的一个重要渠道。准确、客观的管理层披露会让更多的企业特质信息融入股价，因而有助于提高资本市场定价效率。

Christophe 等（2010）的研究表明，卖空投资者会对管理层信息披露产生积极影响，具体而言，卖空投资者能够同时挖掘企业层面的正面消息和负面消息，这就避免了企业管理层的选择性信息披露，由此提升管理层信息披露的全面性。李春涛等（2017）利用 2006～2015 年深交所上市公司数据，研究了卖空机制对企业信息披露的影响，结果发现，卖空机制提升了企业信息披露质量，且卖空机制的这种信息披露提升效应在法律环境较好的地区或者市场中介发育更健全的区域表现得更加明显。李志生等（2017）的研究表明，卖空机制提高了企业管理层对于非强制信息与坏消息的披露，同时提高了企业业绩预告的及时性与准确性。郑建明等（2017）的研究表明，卖空机制提升了企业环境信息披露质量，且这种提升作用在大股东持股比例较高的企业以及环境保护比较薄弱的地区中表现得更加明显。总体来看，有关卖空机制与管理层信息披露的文献还相对较少，为后继研究提供了较大的拓展空间。

（3）卖空机制与分析师预测精准性。

作为资本市场信息中介的分析师，其对股票市场预测的精准与否，会在很大程度上影响资本市场定价效率。精准的分析师预测能够将企业特质信息传递到资本市场，进而提高知情交易者的比重，由此提升资本市场定价效率。可见，如果卖空机制确实能够影响分析师预测，那么分析师预测也将可能是卖空机制影响定价效率的另一个重要渠道。黄俊等（2018）的研究表明，卖空机制能够带来更多有关企业的负面信息，能够在很大程度上提升了企业信息透明度，由此提高分析师的盈余预测质量。同时，卖空机制的这一影响在非明星分析师跟踪的企业以及机构投资者持股比例较少的企业中表现得更加明显。李丹等（2016）的研究也表明，卖空机制的引入降低了分析师盈余预测的乐观性偏差，且这种抑制作用在机构私利冲突较轻时表现得更加明显。胡凡、夏飒（2017）的研究表明，与没有进入可卖空名单的企业相比，进入卖空名单的企业的短期盈余预测偏差降低了 0.014，长期盈余预测偏差降低了 0.019。

2.3.4　对现有文献的评述

中国正面临着深刻的制度变迁，这为研究制度的动态变化对资本市场的影响提供了大量素材。2010 年推出的融券制度就是金融市场的重要制度变革。卖空机制长久以来被认为是金融创新链条中的重要环节，会影响到整个金融市场的资源配置。在这一背景之下，本书梳理现有卖空机制相关文献，以期更有效地评估卖空机制对中国资本市场带来的影响。

总体来看，现有文献对于卖空投资者的交易动机、卖空交易与资本市场定价效率的关系、卖空交易的作用机制都做了比较深入的研究。从卖空投资者的交易动机来看，现有研究表明，存在潜在负面信息挖掘空间的企业存在巨大的利润空间，因而是卖空投资者的主要交易对象。从卖空交易与资本市场定价效率来看，现有研究表明，卖空机制能够影响股价信息含量、稳定股票市场，提高股票流动性；从卖空交易的作用机制来看，现有文献认为，卖空机制能够抑制企业盈余管理、改善管理层信息披露质量、提升分析师预测精准程度，进而可能通过这三个渠道提高资本市场定价效率。

但是，现有文献依然存在明显的不足和缺陷。从国外的文献来看，一方面，有关卖空机制的相关文献通常以发达国家为研究样本，然而，由于发展阶段不同，内生于特定发展阶段的股票市场也存在较大差异，来自发达国家的结论在发展中国家是否适用存在较大疑问，因此有关新兴国家卖空机制的相关文献亟待补充。另一方面，国外关于卖空机制的研究，大多选择原本可以自由卖空但忽然被实施卖空限制的市场（Billingsley & Tunde，2011；Boehmer et al. ，2013；Beber & Pagano，2013），这样的研究存在两点不足：其一，实施卖空限制通常伴随着其他因素，如市场总体的萧条和交易的不活跃等；其二，卖空限制严格的国家或地区通常要么资本市场并不发达，要么整体经济处于低谷，这些外在的因素容易造成选择偏差。

从国内文献来看，首先，现有在中国背景下讨论“卖空与定价效率”的文献一般利用融资融券制度下两融标的扩容这一事件缓解可能存在的内生性问题。然而，从融资融券制度的角度考察卖空行为如何影响股票市场，至少存在两个问题：一方面，融资与融券是两种截然不同的行为，两者对定价效率的影响存在明显区别，因此以融资融券变更作为解释变量，很难把经济后果完全归咎于卖空行为；另一方面，监管部门选择两融标的时，通常以流动性、波动性等指标为决策依据，导致两融标的与定价效率之间存在相互影响的内生性问题。换言之，两融标的扩容很难作为研究卖空行为的纯外生事件。其次，虽然现有研究检验了卖空机制对定价效率的影响，但卖空机制影响定价效率的内在机制仍处于“黑箱”状态。最后，卖空约束放松对于企业定价效率的影响并非“一刀切”的，任何政策实施都有其约束条件（例如，企业特性、行业特性、市场状态等），并在不同约束条件下表现出不同的效果。然而，现有研究忽视了卖空机制作用效果在不同约束条件下的差异。

2.4 本章小结

本章对卖空机制相关概念、融券的制度背景以及卖空机制的相关文献进行详细的回顾。首先，就卖空机制的相关概念而言，本章从卖空机制的基本概念、卖空交易市场情况做了比较深入的介绍。其次，就中国融资融券背景而言，我们简要介绍了中国融券业务的制度的发展历程以及与卖空机制高度相关的转融券业务。最后，本章从四个方面回顾了卖空机制的相关文献：（1）梳理了卖空交易动机的相关文献；（2）回顾了卖空机制与资本市场定价效率（股价信息含量、股价波动性以及股票流动性）之间的关系；（3）回顾了卖空交易的作用机制，即卖空交易者可能通过何种渠道对资本市场定价效率产生影响；（4）对现有文献做出了简要评述，并指出现有文献不足。

第3章　融券卖空与股票流动性

3.1　问题的提出

流动性是股票市场的灵魂（Amihud & Mendelson，1988），它的提高有助于增加股价信息含量（Edmans，2009），降低股价崩盘风险（邹萍，2015），从而提升资本市场配置效率；同时，股票流动性也会对企业行为产生实质影响。现有研究表明，股票流动性能够促进企业创新研发（冯根福等，2017），提高企业投资水平（顾乃康、陈辉，2015），增强企业经理人薪酬业绩敏感性（苏冬蔚、熊家财，2013）等。因此，深入探究股票流动性影响因素，对于重塑中国资本市场的微观基础具有重要意义。

现有关于股票流动性影响因素的文献主要集中在管理层信息披露（Schoenfeld，2017）、股票市场操纵（李志辉等，2018）、做市商流动性供给（Bessembinder，2017）、信用评级（White & Ready，2006）、公司治理（Cheung et al.，2015）等方面。在已有文献的基础上，本章进一步尝试探索如下问题：个股流动性是否会受到卖空机制的影响？

同时，除了个股流动性之外，本章还关心股票流动性的另一个侧面——流动性共性是否受到卖空机制的影响？事实上，在市场微观结构这一领域中，学者们愈发重视个股的流动性共性问题，也即股票市场的整体流动性会对个股流动性产生系统性影响，导致个股与市场之间产生共变性特征，由此引发基于这种流动性共性的不可分散的风险（顾乃康、年荣伟，2018）。流动性共性能较好地反映出个股流动性对市场流动性的反应程度，是个股股价稳定性和定价效率的重要评价标准。如果流动性共性过高意味着在市场受到流动性冲击时，个股很难幸免于难。因而，在此项重要的市场指标中考察卖空交易者的作用，具有较强的理论价值与现实意义。

带着上述两个疑问，本章以中国的融券制度推行作为研究背景，并利用2010～2018年A股市场融券标的数据，考察了融券卖空对个股流动性以及流动性共性的影响，实证结果表明，融券卖空提升了个股流动性，并降低了流动性共性。然而，这一初步结论面临着回归分析中普遍存在的问题——内生性：首先，卖空交易与个股流动性/流动性共性之间存在反向因果关系。上市公司的个股流动性较差或者流动性共性较高，意味着该企业面临着不可分散的系统性风险，因而可能引起卖空投资者卖空该企业的股票。其次，卖空交易与流动性之间还会遇到重要遗漏变量导致的内生性问题。例如，投资者情绪既会引发卖空投资者的交易行为，又可能影响到个股流动性/流动性共性。

通常来讲，在中国背景下讨论“卖空与定价效率”的文献一般利用融资融券制度下两融标的扩容这一事件缓解可能存在的内生性问题。然而，从融资融券制度的角度考察卖空行为如何影响股票市场，至少存在两个问题：一方面，融资与融券是两种不同的行为，两者对流动性的影响存在明显区别，因此以融资融券变更作为解释变量，很难把经济后果完全归咎于卖空行为；另一方面，监管部门选择两融标的时，通常以流动性指标为决策依据，导致两融标的与流动性之间存在相互影响的内生性问题。因此，两融标的扩容很难作为研究卖空行为的纯外生事件。

基于此，本章尝试采用以下四种方法讨论卖空与流动性之间存在的内生性问题：

第一，为了缓解不随时间变化的企业层面遗漏变量的影响，本章利用固定效应模型重新回归，结果与基准回归中的最小二乘法估计保持一致。

第二，利用同行业同年度其他企业的融券交易量的均值作为工具变量，考察两者之间的因果关系。本章认为，该工具变量应该满足相关性要求与排他性约束。从相关性的角度来看，同行业、同年度的企业之间面临相同的宏观经济环境以及相似的行业特征，因而同行业、同年度中的企业的融券交易量水平高度相关；从排他性角度来看，目前尚未有证据表明，同行业、同年度中其他企业的融券交易量水平会通过该企业融券交易量水平以外的渠道影响流动性共性。在这种情形下，工具变量应该能对卖空交易与流动性之间的因果关系做出有效识别。在使用工具变量的前提下，卖空交易对个股流动性/流动性共性仍然具有十分显著的影响。同时，针对融券余量这一内生变量，我们采用同行业其他企业的融券交易余量均值作为工具变量重新回归，得到了相似的回归结果。

第三，利用“转融券”制度进一步缓解两者之间的内生性问题。本章认为，始于2013年的“转融券”制度为研究融券卖空的作用提供了一次绝佳的自然实验：一方面，“转融券”制度推行以后，可融股票的供给量出现外生增加，因而“转融券”制度与卖空交易行为之间存在相关性；另一方面，“转融券”制度相对于单个企业的流动性是完全外生的（苏东蔚、倪博，2018）。同时，“转融券”制度只能通过卖空行为影响流动性。由此看来，“转融券”制度也可以有效识别卖空交易与流动性之间的因果关系。实证结果表明，“转融券”制度所带来的卖空行为的增加提高了个股流动性，并有效抑制了流动性共性。

第四，虽然利用两融标的作为自然实验面临严重的内生性问题，但为了与已有研究保持一致，也为了证明本章研究的可靠性，我们依然利用融资融券制度作为自然实验对上述结果重新回归。同时，为了尽可能减少融资融券制度与股票流动性之间的内生性问题，我们还对自选择问题、预期效应等做出了排除性检验。实证结果依然表明，卖空机制提升了个股流动性，并降低了流动性共性。

与本章最为相关的文献是 Brogaard 等（2017），该文献也考察了卖空机制对股票流动性的影响。从研究主题来看，本章是对 Brogaard 等（2017）研究结果的重要补充，有助于更全面地理解卖空机制对股票流动性的影响。同时，本章与 Brogaard 等（2017）在研究内容与研究方法上也存在一定差异：一方面，Brogaard 等（2017）重点考察卖空机制对流动性水平的影响，而本章则同时考察卖空机制对个股流动性与流动性共性的影响；另一方面，Brogaard 等（2017）仅使用单一方法考察卖空机制与流动性的因果关系，本章则同时采用工具变量、自然实验等多种方法识别两者之间的因果性，从而使研究结果更加可靠。

区别于已有文献，本章的贡献主要体现在以下几个方面：第一，本章从卖空机制的角度拓展了股票流动性影响因素的相关研究。现有关于股票流动性影响因素的研究主要集中在管理层信息披露（Schoenfeld，2017）、股票市场操纵（李志辉等，2018）、做市商流动性供给（Bessembinder，2017）、信用评级（White & Ready，2006）、公司治理（Cheung et al.，2015）等方面，而本章则考察了卖空机制这一重要因素对股票流动性的影响，有助于拓展股票流动性的研究视角。第二，本章深化了对卖空机制经济后果的认识。现有关于卖空机制如何影响股票市场的相关文献主要集中在股价信息含量（Diamond & Verrecchia，1987；Goldstein & Guembel，2008）、价格稳定性（Chang et al.，2007；窦泽群等，2016；唐松等，2016）等几个方面。在此基础上，本章进一步探究了卖空机制如何影响股票流动性，因而有助于深入了解卖空对股票市场影响的影响机理。第三，本章的研究还具有一定的实证贡献。融券卖空本身是一个内生变量，它是由企业特征、市场特征等变量共同决定的。鉴于此，我们利用固定效应模型、工具变量法、自然实验等多种方法有效地缓解了这一领域所面临的内生性问题，进而建立起融券卖空与个股流动性/流动性共性之间的因果关系，使我们的实证结果更加可靠。

3.2　理论分析与研究假设

在现有关于“卖空机制与定价效率”的文献中，多集中于探讨卖空机制对股价信息含量、股价波动以及股价崩盘风险等方面的影响。例如，Bris等（2007）利用46个股票市场的数据对存在卖空限制的市场和允许卖空的市场进行对比，发现在那些允许卖空的股票市场里，负面信息以更快的速度融入股价中。Chang等（2007）利用香港股票市场的数据，发现卖空限制的实施加大了股市波动。从总体来看，卖空机制如何影响个股流动性或者流动性共性，在文献中涉及较少。以上文献缺憾与流动性缺失的危害性共同构成了本章的研究动机。因此，本章结合已有文献提出以下两个可验证的理论假说。

3.2.1 卖空机制影响个股流动性的理论逻辑

对于中国上市公司而言，卖空约束放松吸引了更多善于挖掘企业负面信息的投资者参与中国A股市场，优化了投资者结构，结束了长期以来中国资本市场只能“买涨”不能“买跌”的单边市局面。经过对相关文献的梳理与分析，我们认为，在中国背景下，卖空机制的引入将会有利于改善企业信息透明度，从而减轻企业与外部投资者之间的信息不对称，提高个股流动性。

具体而言，在卖空约束放松之后，当卖空投资者发现企业管理层有隐藏企业负面信息的行为，就可以利用这一消息卖空该公司的股票，由于卖空交易者是知情交易者，他们的行为很可能引起中小股东追随其步伐，导致股票价格下跌。通常来讲，管理层的职业生涯、薪酬等与股价紧密相关，因此股价下跌很可能造成经理人的职业危机或薪酬减少。考虑到这种不利的“滚雪球”效应，管理层就必须及时、准确地披露信息。陈晖丽、刘峰（2014）的研究表明，在卖空约束放松以后，企业的盈余管理水平显著下降。李春涛等（2017）的研究也发现，卖空机制改善了企业信息披露质量。不仅如此，现有研究还表明，卖空机制能够降低分析师预测偏差（李丹等，2016）、管理层对坏消息的公开程度与及时性（李志生等，2017）等。可见，卖空机制提高了企业信息透明度。而企业信息透明度的提高则会对个股流动性产生直接影响。一般而言，股票流动性包含交易及时性、交易宽度（买卖价差）、交易深度（交易量）和市场弹性四个方面（Harris，1990），企业信息透明度对以上四个方面均会产生影响。从交易及时性来讲，企业信息透明度的提高会大幅度减少股票投资者对企业信息的搜寻时间，从而使交易的时滞明显缩短；从交易宽度来讲，引致买卖价差扩大的根本原因是交易者之间的信息不对称。交易双方之间的信息不对称程度越高，对股票价值的分歧就越大，亦即交易宽度越大，而企业信息透明度的提高会减轻交易双方信息不均衡的状态，使交易双方对企业价值的意见更加趋于一致，从而缩小买卖价差。从交易深度来讲，决定一个投资者是否会交易的重要因素是市场风险，而企业信息透明度越高，包含在股票价格中的风险因素就越少，因而会提高投资者的交易意愿。从市场弹性来看，企业信息透明度的提高会降低内幕交易的空间，从而缩小股票价格与均衡价格的偏离程度，使市场更加迅速地恢复到均衡状态。可见，卖空交易可以通过扩大企业信息透明度来提高个股流动性。基于以上分析，本章提出如下假设：

假设H3－1：融券卖空提高了个股流动性。

3.2.2　卖空机制影响流动性共性的理论逻辑

近年来，在市场微观结构这一领域中，学者们愈发重视个股的流动性共性问题，也即股票市场的整体流动性会对个股流动性产生系统性影响，导致个股与市场之间产生共变性特征，由此引发基于这种流动性共性的不可分散的风险（顾乃康、年荣伟，2018）。流动性共性广泛存在于世界各国中，而在发展中国家尤为严重（Deng et al.，2018）。我国A股市场于2015年发生的"千股跌停"现象就是流动性共性的极端体现。从2015年6月12日开始，在不到一个月的时间里，整个市场的流动性水平达到最低值；与此同时，个股跌幅超过30%的上市公司达到3529家，整个市场的流动性近乎枯竭。这一事件说明，我国A股市场存在严重的流动性共性问题。

在流动性共性严重威胁各国股票市场的同时，这一现象也逐渐引起学术界的兴趣。现有研究表明，金融中介机构的资金限制（Coughenour & Saad，2004；Hameed et al.，2010）、投资者情绪（Huberman & Halka，2001）等都是影响流动性共性的重要因素。从流动性共性的定义来看，市场的整体流动性之所以会对个股流动性产生较大影响，是因为企业层面的特质信息无法融入股价中，使投资者只能更多地依赖于政策、行业等公共经济信息做出交易决策，进而导致市场中出现大量相似的交易决策，由此产生了流动性共性问题。可见，要从根本上解决流动性共性问题，就必须使更多企业层面的特质信息被投资者所知。

通过对流动性共性成因的考察，以及对卖空机制相关文献的梳理与分析，本章认为，卖空机制能够通过提高企业信息透明度来抑制个股的流动性共性。假设H3－1的论述已经表明，卖空机制能够有效提升企业信息透明度。而企业信息透明度的提高为投资者提供了更多有价值的信息，使外部投资者在做出交易决策时更加依赖于企业特质信息而不是市场信息，因而会降低单个企业的流动性共性（Lang & Maffet，2011），由此降低个股与市场之间产生共变性特征，减轻基于这种流动性共性的不可分散的风险。

中国证券市场在过去20年已经日渐走向成熟，但是流动性共性问题仍然相当严重，不但股价同步性居高不下，甚至经常出现暴涨暴跌的现象。另外，中国的股票市场通常被称为“政策市”，这意味着经济政策在资本市场涨跌中发挥着极大的影响力，导致投资者更关注政策方面的信息而忽略企业特质信息，投机性很强。概而言之，较之发达国家，中国股市的流动性共性更大，因而卖空交易所带来的边际效应会更大。根据上述分析，本章提出如下假设：

假设 H3 -2：在中国背景下，卖空交易降低了企业的流动性共性。

3.3 研究设计

3.3.1 模型设定

为了检验假设 H3 -1，即融券卖空是否提升了个股流动性，本章设定如下模型：

$$TOVER_{i,t} = \alpha_0 + \alpha_1 SSR_{i,t} + \alpha_k \sum controls_{i,t-1} + \eta_{in} + \mu_t + \varepsilon_{i,t} \quad (3.1)$$

其中，$TOVER_{i,t}$为上市公司 i 在年份 t 的个股流动性指标，$SSR_{i,t}$为标的股票的融券卖空代理变量。如果融券卖空有效改善了企业信息透明度，进而促使个股流动性水平提高，那么可以预期 α_1 将显著为正。

为了检验假设 H3 -2，即卖空交易是否降低了流动性共性，本章借鉴 Deng 等（2018）的方法，设定如下模型：

$$com\_lilm_{i,t} = \alpha_0 + \alpha_1 SSR_{i,t} + \alpha_k \sum controls_{i,t-1} + \eta_{in} + \mu_t + \varepsilon_{i,t} \quad (3.2)$$

其中，$com_lilm_{i,t}$为上市公司 i 在年份 t 的流动性共性，$SSR_{i,t}$为标的股票的卖空交易量。如果卖空交易水平的提高可以作为一种外部机制，有效改善了企业信息透明度，促使流动性共性降低，那么可以预期 α_1 将显著为负。

3.3.2 变量定义

解释变量：融券卖空（$SSR_{i,t}$）。一般而言，融券卖空对流动性的影响分为两个层次：其一，实际的卖空行为对流动性的影响；其二，可能的卖空威慑。本章利用年度融券卖出量与个股流通股股本之比（$SSR1_{i,t}$）衡量实际的卖空行为，同时利用融券余量与个股流通股股本之比（$SSR2_{i,t}$）衡量可能的卖空威慑。

被解释变量一：个股流动性（$TOVER_{i,t}$）。本章使用日均换手率衡量个股流动性，该值越大，表明个股流动性越高。该指标具体形式如下：

$$TOVER_{i,t} = \frac{1}{D_{i,t}}\sum_{d=1}^{D_{i,t}}\left(\frac{VOL_{i,t,d}}{LNS_{i,t,d}}\right) \tag{3.3}$$

其中，$VOL_{i,t,d}$代表股票 i 于第 t 年第 d 天的成交量，$LNS_{i,t,d}$为流通股数量，$D_{i,t}$为股票 i 于年 t 的交易天数。

被解释变量二：流动性共性（$com\_lilm_{i,t}$）。参考 Chordia 等（2000）、Lang 和 Maffett（2011）的方法，采用个股日度非流动性指标①的变化值（$\Delta lidq_{i,d}$），对该个股所对应的日度市场非流动性指标的变化值（$\Delta mliq_{i,d}$）回归后得到的 R^2 即为该企业的流动性共性。在具体回归时，我们增加了前一期与后一期的非流动性指标的变化值，具体模型如下：

$$\Delta lidq_{i,d} = \alpha_0 + \alpha_1 \Delta mliq_{i,d-1} + \alpha_2 \Delta mliq_{i,d} + \alpha_2 \Delta mliq_{i,d+1} + \varepsilon_{i,d} \tag{3.4}$$

其中，$\varepsilon_{i,d}$是误差项。按照年度对上述模型进行回归，由第 t 年的数据经回归所得到的 R^2，即为股票 i 第 t 年的基于整个市场的流动性共性指标（$com\_lilm_{i,t}$）。

控制变量：企业规模（$size_{i,t}$）用流通股交易市值的对数表示；市值账面比（$MB_{i,t}$）的衡量方法为（股票价格×流通股数量+每股净资产×非流通股数量）/正面权益价值；总资产收益率（$ROA_{i,t}$）用净利润与总资产之比表示；股票收益率（$return_{i,t}$）用年个股收益率表示；负债率（lever-

① 其中，非流动性指标的构造方式参考顾乃康、年荣伟（2018）的方式构造。

$age_{i,t}$）用长、短期负债之和与总资产的比值表示。主要变量如表 3.1 所示。

表 3.1 变量说明

变量类型	变量名称	变量代码	变量度量
被解释变量	个股流动性	TOVER	使用日均换手率衡量个股流动性
	流动性共性	Com_lilm	参考 Chordia 等（2000）、Lang 和 Maffett（2011）的方法衡量
解释变量	融券交易量 融券余量	SSR1	年度融券卖出量与个股流通股股本之比
		SSR2	融券余量与个股流通股股本之比
	股票收益率	return	用年个股收益率表示
	企业规模	size	用总资产的自然对数表示
	市值账面比	MB	利用如下公式衡量：（股票价格 × 流通股数量 + 每股净资产 × 非流通股数量）/正面权益价值
	总资产收益率	ROA	用净利润与总资产余额之比表示

3.3.3 数据来源

本章的初始上市公司财务数据样本来源于国泰安数据库与万德数据库，并以 2010～2018 年的样本作为主要考察区间。本章参照以往研究，对企业数据做了如下处理：（1）删除有数据缺失的企业；（2）删除金融类企业；（3）对连续变量在 1% 与 99% 分位数进行了缩尾处理。

3.3.4 描述性统计

表 3.2 报告了主要变量的统计特征。其中，股票流动性（TOVER）的最大值为 2.5034，最小值是 0.0312，可见股票流动性在不同企业之间差距很大。流动性共性（com_lilm）的均值为 0.1654，说明中国上市公司面临着较为严重的流动性共性问题。此外，我国融券交易量（SSR1）以及融券余量（SSR2）相对较少，在此情形下，卖空机制究竟对资本市场产生何种影响是一个亟待检验的问题。

表3.2　描述性统计

变量	均值	标准差	最小值	最大值
TOVER	0.5812	0.4237	0.0312	2.5034
com_lilm	0.1654	0.0891	0.0057	0.4439
SSR1	0.0011	0.0040	0	0.0255
SSR2	0.0001	0.0002	0	0.0018
MB	0.8191	0.8374	0.0765	4.7532
ROA	0.1311	0.0897	0	0.2417
return	0.0234	0.1398	-0.2018	0.4782
size	20.8813	1.2825	16.6505	23.8513
leverage	0.4650	0.2282	0.0481	0.9125

3.4　实证结果与分析

这一部分，我们考察融券卖空对个股流动性、流动性共性的影响，并详细讨论经验结果。首先，我们采用模型（3.3）、模型（3.4）做出基本检验；其次，考虑到融券卖空与个股流动性/流动性共性之间可能存在特定的内生性问题，我们同时采用固定效应模型、工具变量法、以“转融券”制度作为自然实验等多种方法缓解可能存在的内生性问题；最后，本章进行了其他稳健性检验。

3.4.1　融券卖空与个股流动性：基准回归

表3.3报告了融券卖空对个股流动性作用效应的回归结果。其中，第（1）、（2）列为单变量的回归结果，第（3）、（4）列为加入其他控制变量后的回归结果。由表中可知，两种融券卖空的代理变量与个股流动性之间都显著正相关，结果支持假设H3-1，即融券卖空提升了个股流动性。其背后的经济学直觉是：卖空交易越活越，管理层隐藏负面信息的成本就越高，因此，在卖空威慑之下，企业管理层必须准确、合规地公开企业信息，即卖空交易扩大了企业信息透明度。而随着企业信息透明度的提高，

个股流动性也随之提升。

表 3.3　　卖空交易与个股流动性：对假设 H3－1 的检验

变量	(1)	(2)	(3)	(4)
SSR1	0.0426 *** (14.56)		0.0380 *** (16.69)	
SSR2		0.3541 *** (14.10)		0.3008 *** (5.16)
MB			－0.0003 *** (－12.10)	－0.0003 *** (－12.28)
ROA			－0.0002 *** (－7.18)	－0.0002 *** (－6.81)
return			0.0017 *** (6.07)	0.0018 *** (6.24)
size			0.0005 *** (13.09)	0.0004 *** (10.24)
leverage			－0.0007 *** (－3.09)	－0.0006 *** (－2.84)
Constant	0.0018 *** (7.43)	0.0019 *** (7.62)	－0.0084 *** (－11.20)	－0.0059 *** (－8.11)
年份	Yes	Yes	Yes	Yes
行业	Yes	Yes	Yes	Yes
R－squared	0.206	0.201	0.253	0.243

说明：*** 、** 、* 分别表示 1%、5%、10% 水平上显著。括号内为 t 值。

3.4.2　融券卖空与流动性共性：基准回归

利用模型（3.4）检验假设 H3－2，结果列于表 3.4。其中，第（1）、（2）列为单变量的回归结果，第（3）、（4）列为加入其他控制变量后的结果。由表中可知，两种卖空交易的代理变量与流动性共性之间都显著负相关，结果支持假设 H3－2，即卖空交易抑制了流动性共性。

表3.4 融券卖空与流动性共性：基准回归

变量	(1)	(2)	(3)	(4)
SSR1	-0.3902 *** (-3.48)		-0.3517 *** (-2.91)	
SSR2		-3.7691 *** (-4.12)		-3.4041 *** (-3.60)
MB			0.0014 * (1.74)	0.0013 * (1.65)
ROA			0.0020 *** (3.07)	0.0019 *** (3.00)
return			0.0034 (0.64)	0.0029 (0.55)
Size			0.0019 ** (2.57)	0.0021 *** (2.98)
leverage			0.0024 *** (4.11)	0.0024 *** (4.10)
Constant	0.0478 *** (10.79)	0.0477 *** (10.78)	0.0140 (0.87)	0.0091 (0.59)
年份	Yes	Yes	Yes	Yes
行业	Yes	Yes	Yes	Yes
R - squared	0.055	0.056	0.066	0.067

注：***、**、*分别表示1%、5%、10%水平上显著。括号内为t值。

3.4.3 排除“沪港通”交易制度的影响

这一部分，为了使估计结果更加准确，我们进一步排除“沪港通”交易制度对融券卖空效应的影响。现有研究表明，“沪港通”交易制度促进了资本市场定价效率的提高，同时，由于“沪港通”于2014年实施，在本章的研究样本期间内，尽管我们已经加入了若干控制变量，但由于“沪港通”交易制度与本章所关心的自然实验高度重叠，因此结果的可靠性容易受到质疑。为排除“沪港通”交易制度的影响，本章删除了2014年的样本后重新回归，结果如表3.5第（1）列至第（4）列所示，由表中可知，SSR1、SSR2的系数仍然在1%统计水平上显著，进一步表明在有效排除“沪港通”交易制度的影响后，SSR1、SSR2的系数虽然明显变小，但对于个股流动性仍具有显著的促进效应，而对于流动性共性仍具有显著的抑制效应。

表 3.5　融券卖空与流动性：排除“沪港通”交易制度的影响

变量	(1) TOVER	(2) Com_lilm	(3) TOVER	(4) Com_lilm
SSR1	0.0149 *** (4.34)		0.1776 *** (6.64)	
SSR2		-0.2685 *** (-3.41)		-1.6296 *** (-3.73)
MB	-0.3826 *** (-19.44)	-0.0007 (-0.89)	-0.3052 *** (-12.58)	-0.0004 (-0.43)
ROA	-0.0890 *** (-5.05)	0.0022 *** (3.03)	-0.0951 *** (-4.58)	0.0016 * (1.95)
return	0.8899 *** (5.99)	-0.0071 (-1.23)	0.5780 *** (3.29)	-0.0045 (-0.70)
size	0.3445 *** (16.81)	0.0022 *** (2.87)	0.3969 *** (15.96)	0.0017 * (1.92)
leverage	-0.9661 *** (-13.10)	0.0033 (1.35)	-1.8886 *** (-16.00)	-0.0021 (-0.45)
Constant	-4.4665 *** (-10.78)	0.0097 (0.62)	-5.2110 *** (-10.37)	0.0199 (1.11)
年份	Yes	Yes	Yes	Yes
行业	Yes	Yes	Yes	Yes
R-squared	0.140	0.011	0.160	0.009

注：***、* 分别表示 1%、10% 水平上显著。括号内为 t 值。

3.5　因果识别与稳健性检验

3.5.1　因果识别

前述结果初步表明，融券卖空提高了个股流动性，同时降低了流动性共性。然而，这一结果可能面临回归分析中普遍遇到的问题——内生性问题。首先，是否存在某些遗漏变量同时影响融券卖空与个股流动性/流动性共性；其次，个股流动性/流动性共性是否会影响融券卖空。这两个问题都可能导致融券卖空与个股流动性/流动性共性之间的内生性问题。对于可能存在的遗漏变量问题，表3.6的回归中已经做了比较细致的处理。一方面，表3.6控制了一系列可能影响流动性的变量；另一方面，我们还加入了行业虚拟变量与年份虚拟变量，从而剔除了行业不可观察因素和时间不可观察因素的影响。不过，遗漏变量的问题可能依然存在，例如，政策不确定性既会影响到个股流动性/流动性共性，又会通过私有信息挖掘空间影响到卖空交易。反向因果关系也依然可能存在于两者关系中，例如，个股流动性更高或者流动性共性更低的企业交易成本也更低，因此可能更容易引起卖空投资者关注。基于此，本章将利用固定效应模型、工具变量法以及以“转融券”制度作为自然实验等方法缓解可能存在的内生性问题。

3.5.1.1　固定效应模型

（1）对假设H3－1的检验。

固定效应模型可以缓解不随时间变化的企业层面遗漏变量（如企业家精神、企业文化等）的影响。利用固定效应模型重新回归，回归结果见表3.6。由表中第（1）、（2）列可知，SSR1与SSR2的系数均在1%统计水平下显著为正，这一结果表明，在缓解了企业层面的遗漏变量之后，融券卖空依然对个股流动性的提升具有明显的促进作用。

表3.6　　卖空交易与个股流动性：固定效应模型检验

变量	(1)	(2)
SSR1	0.0188*** (9.14)	
SSR2		0.0736*** (4.33)
MB	−0.0000 (−0.71)	−0.0001** (−2.46)
ROA	0.0001*** (4.82)	0.0002*** (6.79)

续表

变量	(1)	(2)
return	0.0004*** (2.75)	0.0003** (2.34)
size	0.0009*** (22.01)	0.0008*** (19.62)
leverage	-0.0008* (-1.89)	-0.0007* (-1.82)
Constant	-0.0179*** (-18.98)	-0.0151*** (-16.48)
年份	Yes	Yes
R-squared	0.356	0.322

注：***、**、*分别表示1%、5%、10%水平上显著。括号内为t值。

(2) 对假设H3-2的检验。

表3.7的第(1)、(2)列显示，两个卖空交易代理变量的系数均在10%统计水平上显著为负。上述结果表明，在缓解企业层面的遗漏变量之后，卖空交易对流动性共性仍存在抑制作用，这一结果进一步支持了之前的发现。

表3.7　融券卖空与流动性共性：固定效应模型估计结果

变量	(1)	(2)
SSR1	-0.1512* (-1.80)	
SSR2		-1.1857* (-1.79)
MB	0.0043*** (5.45)	0.0042*** (5.37)
ROA	0.0041*** (6.65)	0.0041*** (6.58)
return	0.0020 (0.68)	0.0023 (0.79)
size	-0.0004 (-0.59)	-0.0002 (-0.34)

续表

变量	(1)	(2)
leverage	0.0019*** (4.21)	0.0019*** (4.22)
Constant	0.0750*** (4.91)	0.0710*** (4.75)
年份	Yes	Yes
R - squared	0.031	0.031

注：***、*分别表示1%、10%水平上显著。括号内为t值。

3.5.1.2 工具变量法

这一部分，我们将利用工具变量法进一步缓解内生性问题的影响。一个合适的工具变量应该既要满足相关性要求，又要满足排他性约束。基于这两点考虑，我们认为，同行业、同年度其他企业卖空交易量的均值（SSRd）适合做该企业卖空交易量（SSR1）的工具变量。一方面，从相关性角度来看，同行业、同年度的企业之间面临相似的宏观经济环境，因而工具变量与内生变量之间高度相关；另一方面，从排他性角度来看，目前尚不存在证据表明，这一工具变量会通过内生变量以外的渠道影响个股流动性。对于融券余量（SSR2），我们将采用同行业、同年度其他企业融券余量的均值（SSRf）作为它的工具变量。不过，一个合适的工具变量既要符合经济逻辑，又要满足统计测算的要求。接下来，我们将从统计测算的角度验证该工具变量是否合理。

（1）对假设H3-1的工具变量检验。

首先，我们将检验工具变量与内生变量之间是否高度相关。表3.8第（1）列的第一阶段回归显示，SSRd的系数为正，并且在1%统计水平下显著，表明SSRd与融券交易量高度相关。同时，第一阶段估计结果的F值大于Stock等（2002）设定的F值在10%偏误水平下的16.38的临界值，由此证明以SSRd作为工具变量，并没有产生弱工具变量问题。

其次，我们将检验在使用工具变量的前提下，融券卖空与个股流动性之间是否还存在因果关系，由表3.8的第（2）列可知，SSR1的系数在1%统计水平上显著为正，这表明在中国背景下，融券卖空确实对个股流动性具有促进效应。

表 3.8　　卖空交易与个股流动性：工具变量法估计

变量	(1) SSR1	(2) TOVER	(3) SSR2	(4) TOVER
SSRd	0.8052 *** (14.65)			
SSR1		0.1702 *** (23.79)		
SSRf			0.8198 *** (9.44)	
SSR2				0.6880 *** (7.70)
MB	0.0004 *** (8.27)	-0.0005 *** (-26.75)	0.0000 *** (5.57)	-0.0006 *** (-31.18)
ROA	0.0006 *** (13.91)	-0.0001 *** (-2.88)	0.0001 *** (13.31)	-0.0001 *** (-6.24)
return	-0.0034 *** (-8.41)	0.0016 *** (11.91)	-0.0002 *** (-4.20)	0.0020 *** (15.23)
size	0.0014 *** (30.71)	0.0006 *** (23.99)	0.0002 *** (18.46)	0.0004 *** (15.90)
leverage	0.0000 (0.49)	-0.0000 * (-1.92)	0.0000 (0.70)	-0.0000 (-1.48)
Constant	-0.0333 *** (-30.02)	-0.0078 *** (-17.96)	-0.0022 *** (-17.64)	-0.0038 *** (-9.70)
第一阶段 F 值	236.98		101.70	
年份	Yes	Yes	Yes	Yes
行业	Yes	Yes	Yes	Yes
R - squared	0.196	0.090	0.095	0.160

注：*、*** 分别表示 1%、10% 水平上显著。括号内为 t 值。

表 3.8 的第（3）、（4）列为同年度同行业其他企业融券余量的均值

(SSRf) 作为工具变量，以融券余量 (SSR2) 作为内生变量的估计结果。由表中可知，工具变量与融券余量高度相关。同时，在第二阶段回归中，SSR2 的系数显著为正。这一结果与之前的发现基本一致。

值得注意的是，表 3.8 的第 (2)、(4) 列的工具变量回归结果和表3.3的第 (3)、(4) 列的基准回归结果形成了鲜明的对照。在表 3.3 第 (3)、(4) 列的 OLS 回归中，SSR1、SSR2 的系数分别为 0.0380 和 0.3008，而在表 3.8 第 (2)、(4) 列的工具变量回归中，SSR1、SSR2 的系数分别为 0.1702 和 0.6880，也即控制了内生性之后，卖空交易的个股流动性提升效应明显上升。由此可知，控制个股流动性与卖空交易的内生性与否，回归结果差异明显，这证明了我们对内生性问题的顾虑是有道理的。

(2) 对假设 H3 -2 的工具变量检验。

首先，本章进行工具变量的第一阶段回归，检验我们设定的工具变量 (SSRd) 是否与融券交易量之间存在足够的相关性。表 3.9 第 (1) 列的第一阶段回归显示，SSRd 的系数为正，并且在 1% 统计水平上显著，这表明 SSRd 与融券交易量高度相关。同时，第一阶段估计结果的 F 值大于 16.38，表明并没有产生弱工具变量问题。

表 3.9　　融券交易与流动性共性：工具变量法估计

变量	(1) SSR1	(2) com_lilm	(3) SSR2	(4) com_lilm
SSRd	0.8052 *** (14.65)			
SSR1		-0.7278 *** (-3.31)		
SSRf			0.8198 *** (9.44)	
SSR2				-9.8055 ** (-2.02)
MB	0.0004 *** (8.27)	0.0015 (1.62)	0.0000 *** (5.57)	0.0018 * (1.65)
ROA	0.0006 *** (13.91)	0.0012 (1.11)	0.0001 *** (13.31)	-0.0007 (-0.37)

续表

变量	(1) SSR1	(2) com_lilm	(3) SSR2	(4) com_lilm
return	0.0034 *** (8.41)	0.0089 (1.35)	0.0002 *** (4.20)	0.0107 (1.36)
size	0.0016 *** (30.71)	-0.0012 (-0.61)	0.0001 *** (18.46)	-0.0019 (-0.72)
leverage	0.0000 (0.49)	0.0022 *** (3.49)	0.0000 (0.70)	0.0021 *** (3.06)
Constant	-0.0333 *** (-30.02)	0.0796 * (1.94)	-0.0022 *** (-17.64)	0.0881 * (1.74)
年份	Yes	Yes	Yes	Yes
行业	Yes	Yes	Yes	Yes
第一阶段 F 值	237.0		101.7	
R - squared	0.196	0.091	0.095	0.102

注：*、**、*** 分别表示1%、5%、10%水平上显著。括号内为t值。

其次，我们探讨在使用工具变量回归的前提下，融券交易量对流动性共性是否还存在影响。表3.9第（2）列的第二阶段回归显示，融券交易量对流动性共性的影响在5%的统计水平下显著为负。

表3.9的第（3）、（4）列为同年度、同行业其他企业融券交易余量的均值（SSRf）作为工具变量，以融券余量（SSR2）作为内生变量的估计结果。由表中可知，工具变量与融券余量高度相关。同时，在第二阶段回归中，融券余量的系数显著为负。这一结果与之前的发现基本一致。同时，表3.9的第（2）、（4）列的工具变量回归结果和表3.4的第（3）、（4）列的基准结果形成了鲜明的对照。在表3.4第（3）、（4）列的OLS回归中，SSR1、SSR2的系数分别为-0.3517和-3.4041，而在表3.9第（2）、（4）列的工具变量回归中，SSR1、SSR2的系数分别为-0.7278和-9.8055，也即控制了内生性之后，卖空交易的流动性共性抑制效应明显上升。

3.5.1.3 来自“转融券”制度的自然实验

为了进一步缓解融券卖空与个股流动性之间的内生性问题，本章引入一个外生事件。中国证券金融公司在2013年2月起对融资融券标的股票推行转融券业务，在该制度推行以后，中国证券金融公司可以向上市公司股东借入股票，然后融出给券商，再经由券商向卖空交易者借出证券。现有研究表明，中国资本市场上这一独有的“转融券”制度为研究卖空机制提供了绝佳的自然实验（苏东蔚、倪博，2018）：首先，“转融券”制度的推出会直接影响卖空交易行为，从而满足相关性条件；其次，“转融券”标的并非依据某一企业特征选入，因此不太可能受单个企业流动性或者流动性共性的影响。而且，“转融券”制度与流动性之间并无直接的因果关系，该制度影响流动性只能通过融券供给量渠道。从这个意义上来讲，“转融券”制度形成的自然实验满足外生性条件。

（1）对假设H3－1的检验。

为了衡量“转融券”制度的短期因果效应，我们参照Brogaard等（2017）的做法，只保留了2013年转融券制度推行前后各一年的数据，也即2012～2014年的数据，同时利用双重差分法做出估计。同时，在具体估计过程中，我们以2013年加入转融券名单的企业作为实验组，以没有加入转融券名单的融资融券标的企业作为对照组。此外，鉴于在双重差分估计过程中，需要具备足够的对照组，我们剔除了在2014年和2015年加入转融券名单的企业，因为这些企业占可卖空企业的比例太高，无法找到足够数量的对照组。具体地，为检验假设H3－1，采用如下双重差分模型：

$$TOVER_{i,t} = \alpha_0 + \alpha_1 treat_{i,t} \times after_{i,t} + \alpha_k \sum controls_{i,t-1} + \eta_{in} + \mu_t + \varepsilon_{i,t} \tag{3.5}$$

其中，$treat_{i,t}$为组别虚拟变量，如果企业属于转融券标的，则取值为1，否则为0；$after_{i,t}$为事件虚拟变量，若样本观测值处于2013年及以后，则取值为1，否则为0。控制变量与模型（3.3）保持一致。

双重差分的回归结果如表3.10所示。由表中第（1）列可知，在仅控制企业层面财务变量的情形下，treat × after的系数在10%统计水平上显著为正；由表中第（2）列可知，在进一步加入年份虚拟变量和行业虚拟变量的情形下，treat × after的系数仍显著为正。以上结果再一次表明，由“转融券”制度带来的卖空交易的增加提高了个股流动性。

表 3.10　融券卖空与个股流动性：来自“转融券”的自然实验

变量	(1)	(2)
treat × after	0.0002 * (1.91)	0.0005 *** (4.84)
MB	-0.0003 *** (-10.69)	-0.0004 *** (-11.72)
ROA	-0.0002 *** (-7.48)	-0.0003 *** (-8.15)
return	0.0020 *** (8.04)	0.0016 *** (6.71)
size	0.0004 *** (10.51)	0.0004 *** (11.38)
leverage	-0.0008 *** (-3.77)	-0.0008 *** (-4.04)
Constant	-0.0073 *** (-8.81)	-0.0085 *** (-9.83)
年份	Yes	Yes
行业	Yes	Yes
R - squared	0.186	0.300

注：***、* 分别表示 1%、10% 水平上显著。括号内为 t 值。

（2）对假设 H3-2 的双重差分检验。

为了检验假设 H3-2，采用双重差分法估计如下模型：

$$com\_lilm_{i,t} = \alpha_0 + \alpha_1 treat_{i,t} \times after_{i,t} + \alpha_k \sum controls + \eta_{ind} + \mu_t + \varepsilon_{i,t} \tag{3.6}$$

其中，这一方程中的解释变量、控制变量与模型（3.5）保持一致。

由表 3.11 的第（1）列可知，在只加入企业层面控制变量的情形下，$treat_{i,t} \times after_{i,t}$ 的系数显著为负；表 3.11 的第（2）列进一步加入了年份与行业虚拟变量，$treat_{i,t} \times after_{i,t}$ 的系数依然在 10% 统计水平上显著为负。这就表明，“转融券”制度带来的卖空交易行为的增加确实对流动性共性产生了显著的抑制效应，这一结果进一步为假设 H3-2 提供了证据。

表3.11　　　融券交易与流动性共性：自然实验估计结果

变量	(1)	(2)
treat × after	-0.0032* (-1.94)	-0.0028* (-1.80)
MB	0.0009 (0.51)	0.0010 (0.49)
ROA	0.0029 (1.60)	0.0043** (2.28)
return	0.0126 (1.06)	0.0148 (1.17)
size	-0.0041** (-2.09)	-0.0035* (-1.69)
leverage	-0.0046 (-0.44)	0.0038 (0.34)
Constant	0.1501*** (3.69)	0.1235*** (2.77)
年份	No	Yes
行业	No	Yes
R - squared	0.014	0.061

注：***、**、*分别表示1%、5%、10%水平上显著。括号内为t值。

(3) 安慰剂检验。

为进一步保证本章研究结果的可靠性，本章还进行了如下安慰剂检验——将样本替换为非融资融券标的样本。由于“转融券”制度主要针对融资融券标的样本，因此非融资融券标的企业将不会受到影响，否则可能是其他因素在发挥作用。表3.12第（1）、（2）列报告了“转融券”制度对非融资融券标的企业的个股流动性以及流动性共性影响的回归结果，由表中可知，treat × after的系数不显著。

表3.12　　　融券交易与流动性共性：安慰剂检验

变量	(1) TOVER	(2) com_lilm
treat × after	-0.0009 (-0.40)	-0.0003 (-0.07)
MB	-0.0025** (-2.45)	-0.0006 (-0.40)

续表

变量	(1) TOVER	(2) com_lilm
ROA	0.0024** (2.41)	0.0024 (1.59)
return	0.0330*** (5.44)	0.0262*** (2.80)
size	-0.0009 (-0.82)	0.0001 (0.09)
leverage	-0.0091 (-1.54)	-0.0340*** (-3.85)
Constant	0.0539** (2.47)	0.0311 (0.90)
年份	Yes	Yes
行业	Yes	Yes
R-squared	0.117	0.384

注：***、**分别表示1%、5%水平上显著。括号内为t值。

3.5.1.4 来自“融资融券”制度的自然实验

前面部分本章利用固定效应模型、工具变量法以及以“转融券”制度作为自然实验等方法在很大程度上缓解了融券卖空与个股流动性/流动性共性之间的内生性问题。这一部分我们遵循已有文献的惯用做法，利用融资融券制度作为自然实验，并同样利用双重差分法对两个假设做出检验。具体来讲，本章设定如下双重差分模型：

$$TOVER_{i,t}/com\_lilm_{i,t} = \alpha_0 + \alpha_1 treat_{i,t} \times post_{i,t} + \alpha_k \sum controls + \eta_{ind} + \mu_t + \varepsilon_{i,t} \tag{3.7}$$

其中，$treat_{i,t}$为组别虚拟变量，如果企业属于融资融券标的，则取值为1，否则为0；$post_{i,t}$为事件虚拟变量，若样本观测值，则企业加入两融标的以后的年份取值为1，否则为0。控制变量与模型（3.3）、模型（3.4）保持一致。

（1）基本回归结果。

表3.13的第（1）列是假设H3-1的检验结果，treat×post的系数显

著为正，表明融券卖空提高了个股流动性；第（2）列是假设 H3 - 2 的检验结果，由表中可知，treat × post 的系数显著为负，表明融券卖空抑制了流动性共性。以上结果表明，本章假设 H3 - 1、假设 H3 - 2 的估计结果是稳健的。

表 3.13　　融资融券制度与个股流动性：双重差分估计结果

变量	(1) TOVER	(2) com_lilm
treat × post	0.0008*** (19.70)	-0.0031*** (-3.31)
MB	-0.0005*** (-26.08)	-0.0015*** (-3.04)
ROA	-0.0001*** (-6.99)	0.0016*** (3.83)
return	0.0006*** (3.29)	0.0123*** (4.48)
size	0.0003*** (13.57)	-0.0028*** (-6.47)
leverage	-0.0001 (-1.13)	-0.0144*** (-6.50)
Constant	-0.0017*** (-4.02)	0.0921*** (10.59)
年份	Yes	Yes
行业	Yes	Yes
R - squared	0.237	0.080

注：*** 表示 1% 水平上显著。括号内为 t 值。

（2）采用倾向得分匹配方法（PSM）重新估计。

这一部分，我们利用倾向得分匹配法（PSM）重新选择控制组，来缓解利用两融标的回归可能产生的自选择我呢提。与单变量匹配的差别是，倾向得分匹配可以按照企业多个维度的变量选择控制组，从而在最大程度上避免自选择问题对本章估计结果的潜在干扰。具体而言，本章将融资融券标的股企业与非融资融券标的企业作为筛选样本，对融资融券标的股企业进行匹配。具体而言，本章采用如下方法：首先，在对数据进行匹配之前，先将样本数据随机化，估计出一个 Logit 回归模型，当企业为两融标的企业时则取值为 1，否则为 0，其中，我们选择的匹配变量为等计量模型（1）中的控制变量；其次，计算出倾向分值，并使用最近比邻法寻找公司特征最配比的非试点公司，配比过程允许重置抽样；最后，本章重新利用双重差分法对基本问题做出估计，结论与基准结果保持一致。这意味着，在有效缓解可能存在的自选择问题对本章估计结果的干扰之后，加入融资融券标的依然对个股流动性明显的促进效应，同时对流动性共性产生了显著的抑制效应。

表 3.14　融资融券制度与股票流动性：PSM－DID 估计结果

变量	(1) TOVER	(2) com_lilm
treat × post	0.0012 *** (26.37)	－0.0002 *** (－3.15)
MB	－0.0006 *** (－29.22)	－0.0012 (－1.63)
ROA	－0.0001 *** (－5.18)	0.0023 *** (3.55)
return	0.0018 *** (14.27)	－0.0034 (－0.75)
size	0.0005 *** (24.39)	0.0024 *** (3.38)
leverage	－0.0000 (－1.61)	0.0025 *** (4.17)
Constant	－0.0066 *** (－15.81)	0.0057 (0.38)
年份	Yes	Yes
行业	Yes	Yes
R－squared	0.203	0.064

注：*** 表示 1% 水平上显著。括号内为 t 值。

（3）考虑预期效应。

利用两融标的作为解释变量还存在一个可能受到质疑的地方，即融券制度作为提升资本市场定价效率的重要措施，有可能这一政策推出之前就被企业预期到，进而提前改善信息披露质量，由此对流动性产生影响。这种预期效应也会对本章的研究结果造成严重干扰。因此，为了排除预期效应的影响，本章借鉴 Cherniwchan（2017）的方法，删除政策推行前一年（2009）的数据，从表 3.15 第（1）、（2）列的结果发现，删除 2009 年样本后，treat × post 的系数仍显著，结果不支持预期效应假设。

表 3.15　　融资融券制度与股票流动性：考虑预期效应

变量	(1) TOVER	(2) com_lilm
treat × post	0.0009 *** (18.11)	−0.0011 *** (−2.74)
MB	−0.0005 *** (−24.44)	−0.0012 (−1.50)
ROA	−0.0001 *** (−6.33)	0.0021 *** (3.33)
return	0.0005 *** (3.20)	0.0022 (0.41)
size	0.0003 *** (14.96)	0.0023 *** (3.02)
lev	−0.0001 *** (−3.27)	0.0024 *** (4.12)
Constant	−0.0020 *** (−4.42)	0.0050 (0.30)
年份	Yes	Yes
行业	Yes	Yes
R − squared	0.259	0.065

注：*** 表示 1% 水平上显著。括号内为 t 值。

（4）随机定义处理组与控制组。

为进一步减少时间上变化的宏观因素对基本章研究发现的干扰，加强融资融券制度与股票流动性之间的因果关系，本章随机将样本公司分为处理组与控制组。表 3.16 报告了回归结果，可以发现 treat × post 的系数并不显著，这表明随机指定在企业加入融资融券标的名单后股票流动性的变化并不存在显著差异，有助于缓解宏观经济因素对本章基本结果的干扰，进一步确立本章研究问题的因果效应。

表 3.16　融资融券制度与股票流动性：随机定义处理组与控制组

变量	(1) TOVER	(2) com_lilm
treat × post	0.0010 (1.49)	0.0017 (1.47)
MB	-0.0005 *** (-17.25)	-0.0043 *** (-5.39)
ROA	0.0002 *** (8.76)	0.0041 *** (6.56)
return	0.0012 *** (10.91)	-0.0021 (-0.72)
size	0.0011 *** (39.10)	-0.0005 (-0.71)
leverage	0.0000 (1.48)	0.0019 *** (4.20)
Constant	-0.0185 *** (-32.73)	0.0769 *** (4.87)
年份	Yes	Yes
行业	Yes	Yes
R - squared	0.299	0.031

注：*** 分别表示 1% 水平上显著。括号内为 t 值。

（5）考虑融资交易的估计结果。

在企业加入融资融券标的名单以后，市场上的融资交易与融券交易可能同时增加。因此，股票流动性的改善可能并不是卖空约束放松所带来的，而仅仅是融资交易所带来的。针对这一问题，本章在模型的基础上加入了融资交易量这一变量。在表 3.17 的第（1）、（2）列中，我们继续考察融资融券制度与股票流动性之间的关系，由表中可知，treat × post 的系数均在1%统计水平上显著为正，而融资交易代理变量在1%统计水平下显著为正。值得注意的是，表3.13第（1）、（2）列不考虑融资交易的回归中，treat × post 的系数分别为0.0008和 -0.0031，而在表3.17第（1）、（2）列考虑融资交易的回归中，treat × post 的系数分别为0.0030和 -0.0042，也即控制了融资交易之后，融券制度的作用明显上升。

表3.17 融资融券制度与股票流动性：考虑融资交易的估计结果

变量	(1) TOVER	(2) com_lilm
treat × post	0.0030*** (18.96)	-0.0042*** (-3.21)
MB	-0.0006*** (-28.45)	-0.0014* (-1.86)
ROA	-0.0001*** (-4.72)	0.0022*** (3.43)
return	0.0018*** (13.92)	-0.0027 (-0.60)
size	0.0005*** (25.18)	0.0022*** (3.08)
leverage	-0.0000 (-1.63)	0.0025*** (4.17)
RZ	-0.0337*** (-8.92)	0.3601*** (2.69)
Constant	-0.0069*** (-16.56)	0.0100*** (2.76)
年份	Yes	Yes
行业	Yes	Yes
R - squared	0.209	0.065

注：*** 表示1%水平上显著。括号内为t值。

3.5.2 稳健性检验

（1）利用融券交易量的对数变化作为解释变量。

这一部分，本章利用融券交易量的对数变化（SSR1r）作为解释变量对两个假设重新回归。表3.18第（1）列是假设H3-1的检验结果，SSR1r的系数在1%统计水平上显著为正，表明融券卖空提升了个股流动性；第（2）列是假设H3-2的检验结果，SSR1r的系数在10%统计水平下显著为负，表明融券卖空抑制了流动性共性。

表3.18　卖空交易与个股流动性：变量替换（1）

变量	(1) TOVER	(2) com_lilm
SSR1r	0.0001*** (6.15)	-0.0026* (-1.72)
MB	-0.0002*** (-9.10)	0.0018 (0.79)
ROA	-0.0002*** (-7.79)	0.0000 (0.01)
return	0.0007*** (2.59)	0.0164 (1.00)
size	0.0003*** (7.79)	-0.0062** (-2.50)
leverage	-0.0004** (-2.33)	-0.0183 (-1.31)
Constant	-0.0058*** (-6.72)	0.2307*** (4.14)
年份	Yes	Yes
行业	Yes	Yes
R-squared	0.375	0.028

注：***、**、*分别表示1%、5%、10%水平上显著。括号内为t值。

（2）利用融券余量的对数变化作为解释变量。

这一部分，本章利用融券余量的对数变化（SSR2r）作为解释变量重新回归。表 3.19 为替换解释变量后的回归结果。其中，第（1）列是假设 H3－1 的检验结果，SSR2r 的系数显著为正，表明融券卖空提升了个股流动性；第（2）列是假设 H3－2 的检验结果，SSR1r 的系数显著为负，表明融券卖空抑制了流动性共性。

表 3.19　　卖空交易与个股流动性：变量替换（2）

变量	(1) TOVER	(2) com_lilm
SSR2r	0.0001*** (3.88)	−0.0003** (−2.33)
MB	−0.0002*** (−8.05)	0.0017 (0.81)
ROA	−0.0002*** (−7.14)	0.0014 (0.62)
return	0.0012*** (4.37)	0.0039 (0.25)
size	0.0002*** (6.37)	−0.0056** (−2.27)
leverage	−0.0003 (−1.63)	−0.0152 (−1.10)
Constant	−0.0050*** (−5.78)	0.1875*** (3.52)
年份	Yes	Yes
行业	Yes	Yes
R－squared	0.296	0.017

注：***、**、*分别表示 1%、5%、10% 水平上显著。括号内为 t 值。

3.6　本章小结

这一章利用中国 A 股上市公司 2010～2018 年融券标的数据，考察了卖空交易对股票流动性的因果影响。实证结果表明，卖空机制提高了个股流动性，并抑制了流动性共性，在利用固定效应模型、工具变量法、以“转融券”制度作为自然实验以及以“融资融券”制度作为自然实验等方法有效缓解内生性问题以后，这一结论依然稳健。上述研究结果表明，由于卖空交易行为会给企业带来很大的威慑作用，因而企业经理人会在卖空压力之下主动提高企业信息透明度，从而导致更多企业层面的特质信息融入股价当中，由此提升个股流动性，并降低了流动性共性。

本章的研究具有如下政策启示：第一，本章的研究结论意味着卖空机制是提高资本市场定价效率的重要机制。因此，应该在风险可控的前提下，考虑修正《融资融券交易实施细则》，继续扩大融券标的名单，降低卖空交易门槛，使卖空交易的作用得到更好的发挥。第二，还需要建立标准对照组量化融券标的股票流动性，更好地发现融券制度的实施效果。第三，尽量提高融券交易便利程度，增加融券供给量。我国的融券规模还相对较小，自从2010年开始两融交易以来，融券规模仅占两融规模的1%，这种融资融券交易的不平衡性会在很大程度上限制卖空机制的流动性提升效应，因此应该适度扩大融券规模，以便更好地满足卖空投资者的交易需求。第四，在风险可控的前提下，适度增强做空机构的力量，以便更好地监督企业管理层操纵会计信息等行为，进而为股票投资者创造更加透明的信息环境，使股票价格更加精确地反映企业内在价值。第五，监管者、市场投资者以及学术界应该协同合作，继续探索卖空机制的底层规律，完善融资融券制度监管细则，使卖空机制的作用得到更好的发挥。

第4章　融券卖空与股价稳定性

4.1　问题的提出

第3章主要探讨了卖空机制对股票流动性的影响，本章则主要探讨卖空机制影响对定价效率的另一个侧面——股价稳定性（包括股价波动、股价崩盘风险）。有关卖空机制能否抑制股价波动，在很早就引起了学术界的兴趣。多数学者对卖空机制的市场稳定作用持肯定态度。Chang等（2007）利用中国香港股票市场的数据，发现卖空限制的实施加大了股市波动。Bohl等（2016）利用非对称马尔科夫区制转移GARCH模型，发现那些被禁止卖空的股票出现了更大幅度的波动。上述结果意味着，卖空机制可以稳定市场，政府对卖空交易的限制很可能对市场波动起到推波助澜的作用，由此违背政策初衷。然而，亦有学者对此持不同观点。例如，Morris和Shin（1998）认为，即使市场的基本面是好的，但是由于投资者对信息的理解存在差异，很可能导致卖空交易者的错误判断，进而引起市场波动。

自2010年之后，随着融资融券制度的不断完善，卖空对股价稳定性的影响也引起了国内学术界的关注。例如，林炳华、黄小琴（2017）利用VAR模型等计量方法，检验融资融券交易对A股市场的影响，结果发现，两融交易抑制了股价波动，且融券抑制异质性波动的幅度小于融资；李志生等（2015）采用双重差分法，考察了卖空交易对股价稳定性的影响，发现卖空机制具有防止股价暴跌的作用；虞文微、赵丽君（2017）在理论上论证了卖空交易是否能够抑制特质波动率水平，并通过倾向得分（PSM）

进行实证检验，发现这种抑制效应确实存在。

首先，就这个问题而言，现有研究对于卖空交易如何影响市场稳定性主要集中在市场层面，较少从企业层面探讨卖空交易究竟如何影响个股稳定性。但是，相比于市场层面的数据，微观企业数据包含更多信息，便于考察企业微观行为和解决机制检验问题，并且大样本也使估计更有效率。因此，研究卖空机制对微观企业股价的影响，可以让我们更准确地认识卖空机制的效果。其次，从作用逻辑来看，卖空交易和股价波动之间可能存在特定的内生性问题。现有文献一般利用两融标的扩容缓解这一问题，然而证监会在选择两融标的时，本身会考虑个股股价波动性，这就导致股价波动性或者崩盘风险与两融标的之间存在互为因果的问题。最后，在融资融券制度推行期间，"沪港通"政策也同样出台，然而现有文献在研究卖空机制对股价稳定性的影响时，并未排除这一政策的影响。而如果不排除这一因素的影响，就可能导致高估卖空机制的作用效果。

考虑到以上问题，我们以 2010～2018 年 A 股融资融券标的企业数据为初始研究样本，并沿着"卖空与股价稳定"的分析框架，利用固定效应模型、工具变量、以"转融券"制度作为自然实验以及以"融资融券"制度作为自然实验等方法考察卖空机制与股价稳定性之间的因果关系，实证结果表明，卖空机制抑制了股价波动，并同时降低了股价崩盘风险。

为了进一步加强研究问题的深度，本章还进行了两个方面的拓展：一方面，本章在 GMM 模型中的分析框架里进一步考察卖空机制对股价异质性波动/股价崩盘风险的影响，结论与假设 H4－1、假设 H4－2 保持一致，这一研究结论进一步加强了融券卖空与股价稳定性的因果关系。另一方面，本章从投资者情绪这一独特角度考察卖空机制对股价稳定性的影响，结果发现，卖空机制能够抑制投资者情绪，因而有利于稳定股票市场，提升了资本市场定价效率。这一结论进一步深化了假设的预测，与假设的结论共同为卖空机制的股价稳定效应提供了坚实的证据。

区别于已有文献，本章的贡献主要体现在如下几个方面：第一，本章在很大程度上缓解了卖空交易与股价稳定性之间的内生性问题，避免了以融资融券标的作为自然实验的不足，从而使实证结果更加可靠；第二，本章还从投资者情绪这一视角考察了融券卖空与股价稳定性之间的关系，有利于深化本书的研究主题，增强对卖空行为与股票市场关系的认识；第三，从政策寓意来看，本章的研究结论意味着，我国应该进一步扩大融券试点名单，降低卖空交易成本，以便更好地发挥卖空机制对资本市场的稳定作用；第四，以往对卖空交易市场稳定作用的检验主要基于欧美发达国家的数据，然而，由于发展阶段不同，内生于特定发展阶段的股票市场也存在较大差异，因而发达国家的政策在发展中国家是否适用存在较大疑问。本章的研究结果为“卖空与股价波动”领域带来了来自新兴国家的证据。

4.2 理论分析与研究假设

4.2.1 卖空机制影响股价异质性波动的理论逻辑

经过对相关文献的梳理与分析，我们认为，在中国背景下，卖空机制的引入将会有利于减轻企业与外部投资者之间的信息不对称，降低股价异质性波动。

首先，卖空约束放松以后，更多掌握企业负面信息的投资者参与到市场中，进而提升了A股市场的信息需求，从而促进企业改善信息透明度。李春涛等（2017）的研究表明，卖空约束放松以后，企业信息环境得到明显改善，这一结论得到众多文献的支持（顾琪、陆蓉，2016；胡凡，2017；李丹等，2016）；同时，现有研究还进一步发现，卖空机制能够提高管理层信息披露的主动性（李志生等，2017）。上述针对“中国式卖空”的研究结论意味着，随着卖空约束的不断放松，上市公司的信息环境将会不断得到优化。

其次，卖空投资者还可以充分发挥外部监督作用，从而改善企业的公司治理水平（Massa et al.，2013）。结合大股东掏空理论，已有研究验证了卖空投资者对上市公司的治理效应（侯青川等，2017）；李志生等（2015）则结合股价波动，分析发现卖空机制的治理效应能够起到稳定市场的作用，说明卖空投资者的参与提高了企业隐藏负面信息的成本。

再次，与普通投资者相比，卖空投资者具备更强的信息挖掘能力，可以更全面地从宏观经济环境、行业发展、企业等各个角度提炼出有价值的信息，同时，随着卖空交易的活跃，这些与目标企业相关的信息会源源不断地融入股价中，从而提高股价信息含量。熊熊等（2017）的研究发现，融券制度引入中国以后，卖空投资者的异质信念增加了股价信息含量；同时，李志生等（2015）的研究也表明，卖空投资者拥有与企业价值相关的信息，他们的交易活动能够改善资本市场定价效率。定价效率的提高使股价信息成为投资者决策的更可靠依据，这无疑会有效抑制投资者情绪，避免股价的过度波动。

最后，从中国资本市场的实际情况来看，长期以来，我国股票市场的股价同步性居高不下，甚至经常出现暴涨暴跌的现象。此外，中国的股票市场通常被称为“政策市”，经济政策在股价涨跌中扮演着重要角色，进而使投资者过分关注宏观经济形势以及中央政府的政策走向，而忽视了对企业特质信息的深入挖掘，投机性非常强。总之，相对于成熟的资本市场，中国股票市场的波动更加剧烈，股价包含的特质信息较少，这也同时意味着，在中国上市公司中，隐藏于企业内部的负面信息会更多，因而更加有利于卖空投资者信息挖掘能力的发挥。据此，我们认为，较之发达国家，卖空机制对中国股市波动的抑制效应会更强。

从以上分析可以看出，卖空约束放松引入了拥有异质信念的卖空投资者，有助于发挥卖空投资者的信息挖掘能力和治理效应，进一步扩大企业信息透明度，从而稳定股票市场，降低股价异质性波动。同时，中国资本市场的实际情况也为卖空交易市场稳定作用的发挥提供了较为有利的条件。基于以上分析，本章提出如下假设：

假设 H4 - 1：在中国背景下，卖空机制降低了股价异质性波动。

4.2.2 卖空机制影响股价崩盘风险的理论逻辑

进一步地，本章认为，卖空机制不但能够抑制股价波动，而且能够抑制股价崩盘风险。关于股价崩盘风险的成因，Jin 和 Myers（2006）等研究发现，随着管理层对负面信息的隐瞒成本不断增加，在突破一定限度之后，坏消息会在市场中集中暴发，引起投资者恐慌进而争相抛售企业股票，从而导致股价崩盘。由此可见，股价崩盘风险的根本原因在于企业内部人隐藏负面信息，使坏消息不能及时融入股价，当坏消息集中爆发时，就带来了股价崩盘。因此，卖空机制能否抑制股价崩盘风险的关键在于，卖空投资者是否能充分挖掘企业负面信息并使其及时融入股价之中，进而提高股价信息含量，由此抑制投资者的恐慌情绪。前面的理论分析已经表明，卖空机制提高了企业信息透明度。而信息环境的改善所带来的监督效应使企业管理层更有动机公布企业的负面信息以及财务风险，进而使负面信息能够及时、准确地融入股价之中，避免了坏消息的集中暴发，从而使股价崩盘风险降低。基于以上分析，本章提出如下假设：

假设 H4-2：在其他条件不变的前提下，卖空机制降低了股价崩盘风险。

4.3 研究设计

4.3.1 模型设定

为了检验假设 H4-1，即卖空交易是否真的抑制了股价异质性波动，本章参考已有文献，设定如下回归模型：

$$Volatility_{i,t} = \alpha_0 + \alpha_1 SSR_{i,t} + \alpha_k \sum controls_{i,t-1} + \eta_{in} + \mu_t + \varepsilon_{i,t} \quad (4.1)$$

其中，$Volatility_{i,t}$为上市公司 i 在年份 t 的异质性波动率，$SSR_{i,t}$为标的股票的卖空交易量。本章预期，如果卖空交易水平的提高抑制了股价异质性波动，那么 α_1 将显著为负。

为了检验假设 H4-2，即卖空交易是否降低了股价崩盘风险，本章借鉴褚剑、方军雄（2016）的方法，设定如下模型：

$$CRASHRISK_{i,t} = \alpha_0 + \alpha_1 SSR_{i,t} + \alpha_k \sum controls_{i,t-1} + \eta_{in} + \mu_t + \varepsilon_{i,t} \quad (4.2)$$

其中，$CRASHRISK_{i,t}$为上市公司 i 在年份 t 的股价崩盘风险。如果卖空交易水平的提高可以作为一种外部机制，能够促使股价崩盘风险降低，那么可以预期 α_1 将显著为负。

4.3.2 变量定义

解释变量：卖空交易量（$SSR_{i,t}$）。本章利用两个指标度量卖空交易量，分别是年度融券卖出量与个股流通股股本之比（$SSR1_{i,t}$）、融券余量与个股流通股股本之比（$SSR2_{i,t}$）。

被解释变量：异质性波动（$Volatility_{i,t}$）。股价异质性波动是资本市场领域的核心问题之一。本章借鉴钟凯等（2018）的方法，利用周股价回报率计算年度异质性波动，具体方法如下：首先，利用周股票回报数据，得到 Fama－French 三因子模型回归结果的残差；其次，利用这一残差计算月个股残差的方差；最后，利用这一个股残差的方差，计算出 t 年 5 月至 t+1 年 4 月份的月平均值，即为第 t 年异质性波动的代理变量。

股价崩盘风险（$CRASHRISK_{i,t}$）。本章借鉴 Chen 等（2001）的方法，计算股价崩盘风险。首先，利用如下模型计算出股票 i 经过市场调整后的收益率：

$$r_{i,s} = \alpha + \beta_{1,i} \times r_{m,s-2} + \beta_{1,i} \times r_{m,s-1} + \beta_{1,i} \times r_{m,s} + \beta_{1,i} \times r_{m,s+1} + \beta_{1,i} \times r_{m,s+2} + \varepsilon_{i,s} \tag{4.3}$$

其中，$r_{i,s}$为股票 i 在第 s 天考虑现金红利再投资的日个股回报率，$r_{m,s}$为市场在第 s 周考虑现金红利再投资的日市场回报率（流通市值加权平均法）。为调整股票的非同步性交 易的影响，模型（4.1）中加入了市场收益率的滞后两期和超前两期的收益率。股票 i 第 s 周经过市场调整后的收率 $W_{i,s}$为：$W_{i,s} = \ln(1+\varepsilon_{i,s})$，其中，$\varepsilon_{i,s}$为模型（4.1）中的残差。

其次，采用以下方法构建股价崩盘风险度量指标，具体衡量方法如下：

$$CRASHRISK_{i,t} = -\left[n(n-1)^{3/2}\sum W_{i,s}^{3}\right] / \left[(n-1)(n-2)\left(\sum W_{i,s}^{2}\right)^{3/2}\right] \tag{4.4}$$

其中，n 为每年股票 i 的交易周数。$CRASHRISK_{i,t}$的数值越大，表示偏态系数负的程度越严重，股价崩盘风险越大。

控制变量：换手率（$liquidity_{i,t}$）用本年度的月均换手率表示；股票收益率（$return_{i,t}$）用年个股收益率表示；企业规模（$size_{i,t}$）用总资产的自然对数表示；负债率（$leverage_{i,t}$）用长、短期负债之和与总资产的比值表示；市值账面比（$MB_{i,t}$）的衡量方法利用如下公式衡量：（股票价格×流通股数量+每股净资产×非流通股数量）/正面权益价值；总资产收益率（$ROA_{i,t}$）用净利润与总资产之比表示；此外，考虑到行业不可观测因素以及宏观经济环境会对本章的估计结果产生重要影响，我们还控制了行业（η_{in}）与年份虚拟变量（μ_t）。主要变量如表4.1所示。

表4.1　　　　变量说明

变量类型	变量名称	变量代码	变量度量
被解释变量	股价异质性波动	Volatility	借鉴钟凯等（2018）的方法构造
	股价崩盘风险	CRASHRISK	借鉴钟凯 Chen 等（2001）的方法构造
解释变量	融券交易量 融券余量	SSR1	年度融券卖出量与个股流通股股本之比
		SSR2	融券余量与个股流通股股本之比
控制变量	换手率	liquidity	用本年度的月均换手率表示
	股票收益率	return	用年个股收益率表示
	负债率	leverage	用长、短期负债之和与总资产的比值表示
	企业规模	size	用总资产的自然对数表示
	市值账面比	MB	利用如下公式衡量:(股票价格×流通股数量+每股净资产×非流通股数量)/正面权益价值
	总资产收益率	ROA	用净利润与总资产余额之比表示

4.3.3　数据来源

本章主要考察融券卖空对股价异质性波动以及股价崩盘风险的影响。数据样本来源于国泰安数据库，时间跨度为2010~2018年。同时，本章借鉴现有研究（王化成等，2015），对企业数据做了如下处理：首先，删除有数据缺失的企业；其次，删除金融类企业；最后，对连续变量在1%与99%分位数进行缩尾处理。

4.3.4　描述性统计

主要变量的描述性统计结果见表4.2。股价异质性波动（Volatility）的均值为0.4412，最大值为0.9631，最小值为0.0011，表明中国上市公司的股价异质性波动较高，且不同企业之间差异较大。股价异质性波动（Volatility）的均值为0.4412，最大值为0.9631，最小值为0.0011，与已有研究基本一致。

表4.2　描述性统计

变量	均值	标准差	最小值	最大值
Volatility	0.4412	0.1680	0.0011	0.9631
NCSKEW	-0.4731	0.6982	-1.0690	1.4423
SSR1	0.0011	0.0040	0	0.0255
SSR2	0.0001	0.0002	0	0.0018
turnover	0.5812	0.4237	0.0312	2.5034
return	0.0234	0.1398	-0.2018	0.4782
totalassets	21.8112	1.6323	10.8429	30.6671
leverage	0.4650	0.2282	0.0481	0.9125
MB	0.8191	0.8374	0.0765	4.7532
ROA	0.1311	0.0897	0	0.2417

4.4　实证结果与分析

4.4.1　融券卖空与股价异质性波动：基准回归

表4.3报告了假设H4-1回归结果。第（1）、（2）列为双变量的回归结果，SSR1、SSR2的系数均在1%统计水平下显著为负；第（3）、（4）列进一步增加企业层面的财务变量，结果发现SSR1、SSR2的系数分别在5%、1%统计水平上显著为负。上述4列回归结果表明，卖空机制对股价异质性波动产生了显著的抑制效应。结合理论分析与实证结果，我们可以看出，卖空投资者具有非常强的负面信息挖掘能力，因而，在卖空约束放松以后，他们的加入提高了企业信息透明度，进而导致股价波动降低。从某种意义上来讲，本章的这一回归结果与Chang等（2007）、Bohl等

(2016）的研究具有一致性。

表 4.3　　融券卖空与股价异质性波动：对假设 H4－1 的检验

变量	(1)	(2)	(3)	(4)
SSR1	－0. 9066 *** (－10. 75)		－0. 1893 ** (－2. 37)	
SSR2		－8. 4055 *** (－11. 07)		－3. 0351 *** (－4. 22)
liquidity			0. 0092 *** (39. 08)	0. 0092 *** (38. 78)
return			0. 0604 *** (17. 55)	0. 0605 *** (17. 62)
totalassets			0. 0000 (1. 56)	0. 0000 * (1. 70)
leverage			0. 0270 *** (11. 77)	0. 0272 *** (11. 85)
MB			－0. 0083 *** (－15. 41)	－0. 0083 *** (－15. 52)
ROA			－0. 0020 *** (－5. 14)	－0. 0020 *** (－4. 94)
Constant	0. 1436 *** (44. 32)	0. 1438 *** (44. 37)	0. 0733 *** (20. 13)	0. 0738 *** (20. 26)
年份	Yes	Yes	Yes	Yes
行业	Yes	Yes	Yes	Yes
Observations	1989	1989	1989	1989
R－squared	0. 084	0. 085	0. 262	0. 263

注：***、**、*分别表示 1%、5%、10%水平上显著。括号内为 t 值。

4. 4. 2　融券卖空与股价崩盘风险：基准回归

利用模型（4. 2）对假设 H4－2 做出检验，结果列于表 4. 4。其中，第（1）、(2）列为单变量的回归结果，第（3）、(4）列加入了其他控制变量后，由表中可知，两个卖空交易的代理变量与崩盘风险之间都显著负相关，结果支持假设 H4-2，即在中国背景之下，卖空交易抑制了股价崩盘风险。实际上，在卖空约束放松以后，在卖空压力的威慑之下，企业管理层将会更有动机披露企业的负面信息，因而企业信息透明度不断扩大，这就意味着企业的负面信息能够及时融入股价之中，从而避免了坏消息集中释放所引发的股价崩盘风险。

表 4.4　　卖空交易与股价崩盘风险：对假设 H4-2 的检验

变量	(1)	(2)	(3)	(4)
SSR1	-3.5377*** (-3.29)		-11.6039*** (-4.13)	
SSR2		-2.2652*** (-2.68)		-33.9417* (-1.71)
liquidity			-0.1285*** (-7.25)	-0.1277*** (-6.99)
return			-1.1989*** (-6.82)	-1.0838*** (-6.20)
totalassets			-0.0000*** (-4.93)	-0.0000*** (-5.23)
leverage			-0.7443*** (-5.06)	-0.7469*** (-5.06)
MB			0.0642*** (2.76)	0.0614*** (2.63)
ROA			0.0101 (0.44)	0.0168 (0.72)
Constant	-0.2441 (-1.56)	-0.2990*** (-22.30)	0.2449 (1.35)	0.2477 (1.35)
年份	Yes	Yes	Yes	Yes
行业	Yes	Yes	Yes	Yes
Observations	2174	2174	1984	1984
R-squared	0.041	0.002	0.118	0.112

注：***、*分别表示 1%、10%水平上显著。括号内为 t 值。

4.4.3 排除“沪港通”交易制度的影响

这一部分，延续前面的做法，我们进一步考察“沪港通”交易制度对融券卖空效应的影响。为排除“沪港通”交易制度的影响，本章删除了2014年的样本后重新回归，结果如表4.5第（1）列至第（4）列所示，由表中可知，SSR1、SSR2的系数仍然显著为负，进一步表明在有效排除“沪港通”交易制度的影响后，融资融券制度对股价异质性波动与股价崩盘风险仍然具有明显的抑制作用。

表4.5　卖空交易与股价稳定性：排除“沪港通”交易制度的影响

变量	(1) Volatility	(2) NCSKEW	(3) Volatility	(4) NCSKEW
SSR1	-0.1084 *** (-3.11)	-7.8024 ** (-2.45)		
SSR2			-1.0079 *** (-3.41)	-22.1125 ** (-2.22)
liquidity	0.0112 *** (40.88)	-0.0810 *** (-12.15)	0.0108 *** (34.29)	-0.0746 *** (-9.93)
return	0.0664 *** (18.23)	-1.4011 *** (-15.88)	0.0681 *** (15.36)	-1.5140 *** (-14.39)
totalassets	0.0000 ** (1.98)	-0.0000 *** (-5.70)	0.0000 *** (2.88)	-0.0000 *** (-5.72)
leverage	0.0226 *** (8.83)	-0.5976 *** (-9.66)	0.0232 *** (7.44)	-0.6636 *** (-8.99)
MB	-0.0068 *** (-12.55)	-0.0407 *** (-3.10)	-0.0066 *** (-10.18)	-0.0541 *** (-3.49)
ROA	-0.0024 *** (-5.47)	-0.0233 ** (-2.15)	-0.0022 *** (-4.15)	-0.0263 ** (-2.07)
Constant	0.0821 *** (49.79)	0.2444 *** (6.09)	0.0847 *** (42.24)	0.2684 *** (5.61)
年份	Yes	Yes	Yes	Yes
行业	Yes	Yes	Yes	Yes
R-squared	0.245	0.071	0.224	0.072

注：***、**分别表示1%、5%水平上显著。括号内为t值。

4.5 因果识别与稳健性检验

4.5.1 因果识别

表4.3、表4.4对卖空交易与股价波动、股价崩盘风险的关系做出检验，初步发现卖空交易抑制了股价异质性波动，同时降低了股价崩盘风险。然而，卖空交易与股价稳定性之间还可能存在内生性问题。首先，遗漏变量的问题依然可能存在于本章的估计结果中。例如，高涨的投资者情绪既可能引发卖空交易，又可能助长股价波动，进而导致本章的回归结果不一致。其次，反向因果问题也可能存在于本章的估计结果中，那些股价波动较大的企业往往信息透明度较低，因而可能更容易被卖空投资者盯上。有鉴于此，本章延续第4章的做法，采用固定效应模型、工具变量、以“转融券”制度以及以“融资融券”制度作为自然实验等4种方法缓解可能存在的内生性问题。

4.5.1.1 固定效应模型

(1) 固定效应模型检验假设 H4-1。

在这一部分，我们利用固定效应模型对两者关系重新进行回归检验。表4.6的第(1)、(2)列的回归结果表明，两个卖空交易指标的系数均在1%统计水平上显著为负，意味着在缓解企业层面的遗漏变量之后，卖空交易对股价异质性波动仍存在明显的抑制作用。这一结果进一步支持了之前的发现。

表4.6　　融券卖空与股价异质性波动：固定效应模型检验

变量	(1)	(2)
SSR1	-0.7905*** (-7.99)	
SSR2		-6.4956*** (-7.41)

续表

变量	(1)	(2)
liquidity	0.0105 *** (30.87)	0.0105 *** (30.68)
return	0.0550 *** (15.70)	0.0567 *** (16.22)
totalassets	0.0000 *** (5.95)	0.0000 *** (5.04)
leverage	0.0355 *** (7.10)	0.0362 *** (7.25)
MB	-0.0183 *** (-21.12)	-0.0185 *** (-21.34)
ROA	-0.0022 *** (-3.84)	-0.0021 *** (-3.62)
Constant	0.0753 *** (22.90)	0.0758 *** (23.07)
年份	Yes	Yes
企业	Yes	Yes
R-squared	0.256	0.255

注：*** 表示 1% 水平上显著。括号内为 t 值。

（2）固定效应模型检验假设 H4-2。

表 4.7 第（1）、（2）列的回归结果表明，两个卖空交易指标 SSR1、SSR2 的系数分别在在 10%、1% 统计水平上显著为负，意味着在缓解企业层面的遗漏变量之后，卖空交易对股价崩盘风险仍存在明显的抑制作用。这一结果进一步支持了之前的发现。

表 4.7　　融券卖空与股价崩盘风险：固定效应模型检验

变量	(1)	(2)
SSR1	-4.7718 * (-1.84)	
SSR2		-69.1525 *** (-3.14)
liquidity	-0.1725 *** (-18.64)	-0.1899 *** (-20.47)

续表

变量	(1)	(2)
return	-1.4009*** (-15.92)	-0.8900*** (-10.04)
totalassets	-0.0000*** (-7.22)	-0.0000*** (-9.23)
leverage	-0.3776*** (-2.62)	-0.9447*** (-7.02)
MB	0.1471*** (6.46)	0.4621*** (19.90)
ROA	-0.0474*** (-2.98)	-0.0262* (-1.75)
Constant	0.1344* (1.66)	0.5445*** (6.79)
年份	Yes	Yes
企业	Yes	Yes
R-squared	0.099	0.231

注：***、*分别表示1%、10%水平上显著。括号内为t值。

4.5.1.2 工具变量法

本章依然选择同行业同年度其他企业的融券交易量的均值（SSRd）作为融券交易量SSR1的工具变量。从相关性角度来看，正如第3章所述，在同一年度中，同行业的企业面临相同的政策环境与宏观经济环境，因而投资者对同行业企业可能存在相似的观点，进而导致卖空交易量高度相关；从排他性约束来看，我们查阅现有文献，没发现同行业同年度其他企业的融券交易量会通过该企业融券交易量以外的渠道对异质性股价波动/股价崩盘风险产生影响。因而，从逻辑上看，这一工具变量的选择应该是合理的。基于同样的理由，我们选择同行业同年度其他企业的融券余量的均值（SSRf）作为SSR2的工具变量。不过，一个工具变量是否合适，除了要满足逻辑上的合理性外，也要通过统计测算检验。接下来，我们从统计测算的角度检验我们选择的工具变量是否合适。

（1）工具变量法检验假设 H4－1。

表4.8中第（1）列的第一阶段回归结果显示，SSRd 的系数为正，并且在1%统计水平下显著，这表明 SSRd 与融券交易量高度相关。表4.8中第（2）列的第二阶段回归显示，SSR1 对股价异质性波动的影响在1%的统计水平上显著为负，这说明在利用工具变量法缓解内生性问题后，卖空交易依然对股价异质性波动之间产生了显著的抑制效应。

表4.8　　融券卖空与股价异质性波动：工具变量法检验

变量	(1) SSR1	(2) Volatility	(3) SSR2	(4) Volatility
SSRd	0.8447 *** (14.62)			
SSRf			0.7112 *** (8.21)	
SSR1		−0.9243 *** (−5.02)		
SSR2				−14.5560 *** (−4.18)
liquidity	−0.0004 *** (−14.01)	0.0102 *** (31.77)	−0.0000 *** (−15.46)	0.0111 *** (20.34)
return	0.0008 ** (2.21)	0.0606 *** (18.76)	0.0002 *** (3.76)	0.0566 *** (14.71)
totalassets	0.0000 *** (20.02)	−0.0000 *** (−3.41)	0.0000 *** (14.75)	−0.0000 *** (−3.10)
leverage	0.0003 (1.30)	0.0218 *** (9.59)	0.0000 (1.51)	0.0212 *** (8.33)
MB	0.0004 *** (7.12)	−0.0083 *** (−14.34)	0.0000 *** (3.48)	−0.0081 *** (−12.89)
ROA	0.0003 *** (7.18)	−0.0030 *** (−6.48)	0.0000 *** (8.70)	−0.0040 *** (−5.94)
Constant	0.0016 *** (8.55)	0.0795 *** (36.58)	0.0002 *** (11.68)	0.0731 *** (19.20)
年份	Yes	Yes	Yes	Yes
行业	Yes	Yes	Yes	Yes
第一阶段 F 值	209.7		127.0	
R－squared	0.117	0.128	0.074	0.106

注：**、*** 分别表示5%、10%水平上显著。括号内为t值。

同样地，表4.8中第（3）、（4）列为同年度同行业其他企业融券交易量的均值作为工具变量，以SSR2作为内生变量的估计结果。由表中可知，工具变量与SSR2高度相关。同时，在第二阶段回归中，SSR2的系数显著为负。这一结果也与之前的发现基本一致。

值得特别注意的是，表4.8的回归结果和表4.3的结果形成了鲜明的对照。在表4.3第（3）、（4）列的OLS回归中，SSR1、SSR2的系数分别为 -0.1893 和 -3.0351，而在表4.8的工具变量回归中，SSR1、SSR2的系数分别为 -0.9243 和 -14.5560，也即控制了内生性之后，在显著性没有发生改变的前提下，卖空交易对股价波动的抑制效应明显上升。由此可知，控制卖空交易与股价异质性波动的内生性与否，回归结果差异明显。

（2）工具变量法检验假设H4-2。

同样地，表4.9的第（1）、（2）列分别以SSRd、SSRf作为工具变量，以SSR1、SSR2作为内生变量的估计结果。由表中可知，SSR1、SSR2的系数分别在5%、10%统计水平下显著为负。这一结果也与之前的发现基本一致。

表4.9　　融券卖空与股价崩盘风险：工具变量法检验

变量	(2) NCSKEW	(4) NCSKEW
SSR1	-7.5239** (-2.21)	
SSR2		-21.8534* (-1.74)
liquidity	-0.0969*** (-3.37)	-0.1260*** (-10.14)
return	-1.1841*** (-7.94)	-1.0484*** (-10.44)
totalassets	-0.0000 (-0.38)	0.0000 (0.52)
leverage	-0.5734*** (-6.06)	-0.5261*** (-8.47)

续表

变量	(2) NCSKEW	(4) NCSKEW
MB	-0.0271 (-1.00)	-0.0224 (-1.64)
ROA	-0.0168 (-0.51)	0.0150 (0.95)
Constant	0.2954 (1.43)	0.5023*** (5.86)
年份	Yes	Yes
行业	Yes	Yes
R-squared	0.057	0.081

注：*、**、*** 分别表示1%、5%、10%水平上显著。括号内为t值。

4.5.1.3　以“转融券”制度作为自然实验

（1）以“转融券”制度作为自然实验检验假设H4-1。

为了衡量“转融券”制度的短期因果效应，我们遵循第3章的做法，只保留了2013年“转融券”制度推行前后各一年的数据，也即2012～2014年的数据。同时，具体估计过程与第3章相同。具体地，我们采用双重差分法估计如下模型：

$$Volitility_{i,t} = \alpha_0 + \alpha_1 treat_{i,t} \times after_{i,t} + \alpha_k \sum controls + \eta_{ind} + \mu_t + \varepsilon_{i,t} \tag{4.5}$$

其中，$treat_{i,t}$为组别虚拟变量，如果企业属于转融券标的，则取值为1，否则为0；$after_{i,t}$为事件虚拟变量，若样本观测值处于2013年及以后，则取值为1，否则为0。控制变量与模型（4.1）保持一致。

表4.10报告了估计结果。由表中可知，在未控制行业、年份虚拟变量的第（1）列，$treat_{i,t} \times after_{i,t}$的系数显著为负；在控制了行业虚拟变量和年份虚拟变量的第（2）列，$treat_{i,t} \times after_{i,t}$的系数依然在1%统计水平上显著为负。上述结果表明，“转融券”制度带来的卖空交易的增加，抑制了股价异质性波动。双重差分的回归结果进一步为本章的假设H4-1提供了重要的经验证据，增强了因果推断的准确性，同时也为中国背景下卖空约

束放松对中国资本市场的积极影响提供了非常重要的支持证据。

表 4.10　　融券卖空与股价异质性波动：来自“转融券”制度的自然实验

变量	(1)	(2)
treat × after	-0.0084*** (-3.21)	-0.0093*** (-3.40)
liquidity	0.0132*** (18.98)	0.0134*** (17.76)
return	0.0664*** (9.29)	0.0692*** (9.15)
totalassets	0.0000 (0.62)	0.0000 (0.26)
leverage	0.0405*** (6.95)	0.0397*** (6.31)
MB	-0.0059*** (-6.56)	-0.0068*** (-6.76)
ROA	-0.0027*** (-2.91)	-0.0030*** (-3.04)
Constant	0.0679*** (20.38)	0.0632*** (8.15)
年份	No	Yes
行业	No	Yes
R - squared	0.252	0.272

注：*** 表示 1% 水平上显著。括号内为 t 值。

（2）以“转融券”制度作为自然实验检验假设 H4-2。

这一部分，采用如下双重差分模型检验假设 H4-2：

$$CRASHRISK_{i,t} = \alpha_0 + \alpha_1 treat_{i,t} \times after_{i,t} + \alpha_k \sum controls + \eta_{ind} + \mu_t + \varepsilon_{i,t} \quad (4.6)$$

其中，解释变量和控制变量与模型（4.5）保持一致。

表 4.11 报告了估计结果，由表中可知，$treat_{i,t} \times after_{i,t}$的系数在 5% 统

计水平上显著为负，这表明在中国情境下，卖空交易抑制了股价崩盘风险。

表4.11 卖空交易与股价崩盘风险：来自“转融券”制度的自然实验

变量	(3)	(5)
treat × after	−0.3632** (−2.41)	−0.1382** (−1.99)
liquidity	−0.1236*** (−4.07)	−0.1170*** (−3.22)
return	−0.3603 (−1.05)	−2.1688*** (−4.81)
totalassets	−0.0000** (−2.04)	−0.0000* (−1.66)
leverage	−0.5580* (−1.76)	−0.7168** (−2.07)
MB	0.0415 (0.57)	0.1237** (2.27)
ROA	0.1111* (1.94)	−0.0859* (−1.72)
Constant	0.7977*** (4.49)	−0.3250 (−1.53)
年份	No	Yes
行业	Yes	Yes
R − squared	0.126	0.157

注：***、**、*分别表示1%、5%、10%水平上显著。括号内为t值。

（3）安慰剂检验。

为进一步保证研究结果的可靠性，本章还进行了如下检验：将样本替换为非融资融券标的样本。由于“转融券”制度主要针对融资融券标的样本，因此非融资融券标的将不会受到影响，否则可能是其他因素在发挥作用。表4.12列报告了“转融券”制度对非融资融券标的样本的回归结果，由表中可知，treat × after的系数不显著。

表 4.12　　卖空交易与股价稳定性：可证伪检验

变量	(1) Volatility	(2) NCSKEW
treat × after	0.2118 (0.64)	0.5477 (1.17)
liquidity	0.1417 (1.61)	-0.0464 (-0.35)
return	-0.8230 (-0.91)	-3.6605*** (-2.91)
totalassets	-0.0000*** (-6.38)	-0.0000*** (-3.77)
leverage	5.4177*** (7.33)	6.0105*** (5.43)
MB	-0.2091* (-1.75)	0.1469 (0.72)
ROA	-0.2122* (-1.80)	-0.6490*** (-3.27)
Constant	12.5000*** (29.62)	7.6152*** (12.98)
年份	Yes	Yes
行业	Yes	Yes
R - squared	0.058	0.099

注：***、*分别表示1%、10%水平上显著。括号内为t值。

4.5.1.4　以“融资融券”制度作为自然实验

在前面的几个部分，本章利用固定效应模型、工具变量法以及以“转融券”制度作为自然实验等方法在很大程度上缓解了融券卖空与股价异质性波动/股价崩盘风险之间的内生性问题。这一部分我们遵循已有文献的惯用做法，利用融资融券制度作为自然实验，并同样利用双重差分法对两个假设做出检验。具体来讲，本章设定如下双重差分模型：

$$Volatility_{i,t}/CRAHRISK_{i,t} = \alpha_0 + \alpha_1 treat_{i,t} \times post_{i,t} + \sum \alpha_k controls_{i,t-1} + \eta_{ind} + \mu_t + \varepsilon_{i,t} \quad (4.7)$$

其中，我们利用 treat × post 作为解释变量（这一解释变量的定义遵循第3章），对两个假设做出检验。控制变量与模型（4.1）保持一致。

（1）基本检验结果。

表4.13中第（1）列为假设H4－1的检验结果，由表中可知，treat × post的系数显著为负，表明融券卖空抑制了股价异质性波动。第（2）列为假设H4－2的检验结果，由表中可知，treat × post的系数显著为负，表明融券卖空抑制了股价崩盘风险。

表4.13　卖空交易与股价稳定性：来自“融资融券”制度的自然实验

变量	(1) Volatility	(2) NCSKEW
treat × post	-0.0031** (-2.44)	-0.1692*** (-5.64)
liquidity	0.0105*** (42.03)	-0.0850*** (-14.69)
return	0.0493*** (13.83)	-1.0002*** (-12.06)
totalassets	0.0000*** (2.74)	-0.0000*** (-6.47)
leverage	0.0275*** (11.91)	-0.6761*** (-12.62)
MB	-0.0077*** (-14.86)	0.0257** (2.15)
ROA	-0.0018*** (-4.41)	-0.0064 (-0.68)
Constant	0.0800*** (42.58)	0.2732*** (6.25)
年份	Yes	Yes
行业	Yes	Yes
R－squared	0.235	0.138

注：***、**分别表示1%、5%水平上显著。括号内为t值。

（2）共同趋势检验。

表4.13的回归结果初步表明，企业加入融券标的名单确实抑制了股价异质性波动和股价崩盘风险，然而，这一作用效果可能来源于融券标的企业与非融券标的企业的事前趋势特征，这一趋势可能导致两类企业在股价稳定性上存在差异，进而给我们的政策评估带来干扰。为了缓解共同趋势对研究结果的干扰，本章借鉴 Moser 和 Voena（2010）的方法，在基础回归的基础上控制住事前趋势项，即加入交乘项 treat × time，其中，time 代表时间。由表4.14中的第（1）、（2）列可知，在加入交乘项后，treat × post 的系数由表4.13的 -0.0031、-0.1692 变为 -0.0026、-0.1540，但仍在1%统计水平上显著为正，这表明在有效排除共同趋势的影响以后，加入融资融券标的名单的企业，其股价稳定性仍高于非融资融券标的的企业。

表4.14　　卖空交易与股价稳定性：共同趋势检验

变量	(1) Volatility	(2) NCSKEW
treat × time	-0.0101 (-0.32)	0.0035 (0.79)
treat × post	-0.0026*** (-3.42)	-0.1540*** (-4.54)
liquidity	-0.1037*** (-12.63)	0.0089*** (29.64)
return	-2.2409*** (-18.23)	0.0522*** (12.06)
totalassets	0.0000 (0.20)	-0.0000 (-1.08)
leverage	-0.5047*** (-6.46)	0.0251*** (8.27)
MB	0.0125 (0.68)	-0.0075*** (-10.04)
ROA	-0.0221 (-1.41)	-0.0008 (-1.24)

续表

变量	(1) Volatility	(2) NCSKEW
Constant	0.0701 (1.34)	0.0920 *** (45.46)
年份	Yes	Yes
行业	Yes	Yes
R – squared	0.123	0.261

注：*** 表示1%水平上显著。括号内为t值。

4.5.2 稳健性检验

（1）利用融券交易量的对数变化（SSR1r）作为解释变量。

这一部分，本章利用融券交易量的对数变化（SSR1r）作为解释变量对两个假设重新回归。表4.15第（1）列是假设H4－1的检验结果，SSR1r的系数在5%统计水平上显著为负，这表明融券卖空抑制了股价波动；第（2）列是假设H4－2的检验结果，SSR1r的系数在1%统计水平下显著为负，这表明融券卖空抑制了股价崩盘风险。

表4.15 卖空交易与股价稳定性：变量替换（1）

变量	(1) Volatility	(2) NCSKEW
SSR1r	－0.0013 ** (－2.25)	－0.0848 *** (－5.87)
liquidity	0.0134 *** (13.13)	－0.0441 (－1.42)
return	0.0483 *** (5.23)	－1.0240 *** (－4.13)
totalassets	0.0000 (0.92)	－0.0000 *** (－6.38)
leverage	0.0475 *** (6.80)	－1.7008 *** (－7.55)

续表

变量	(1) Volatility	(2) NCSKEW
MB	-0.0039*** (-3.87)	0.1869*** (5.89)
ROA	-0.0038*** (-3.39)	0.0348 (1.00)
Constant	0.0573*** (13.94)	0.6448*** (4.76)
年份	Yes	Yes
行业	Yes	Yes
R-squared	0.216	0.228

注：***、** 分别表示 1%、5% 水平上显著。括号内为 t 值。

（2）利用融券余量的对数变化作为解释变量。

这一部分，本章利用融券余量的对数变化（SSR2r）作为解释变量重新回归。表 4.16 为替换解释变量后的回归结果。其中，第（1）列是假设 H4-1 的检验结果，SSR2r 的系数在 5% 统计水平上显著为负，这表明融券卖空抑制了股价异质性波动；第（2）列是假设 H4-2 的检验结果，SSR1r 的系数在 1% 统计水平上显著为负，这表明融券卖空抑制了股价崩盘风险。

表 4.16　　卖空交易与股价稳定性：变量替换（2）

变量	(1) Volatility	(2) NCSKEW
SSRr2	-0.0012** (-2.08)	-0.0754*** (-5.40)
liquidity	0.0132*** (12.70)	-0.0233 (-0.73)
return	0.0475*** (5.11)	-1.0004*** (-3.98)
totalassets	0.0000 (0.89)	-0.0000*** (-6.26)

续表

变量	(1) Volatility	(2) NCSKEW
leverage	0.0471 *** (6.64)	-1.6542 *** (-7.30)
MB	-0.0038 *** (-3.73)	0.1802 *** (5.62)
ROA	-0.0039 *** (-3.50)	0.0494 (1.41)
Constant	0.0569 *** (13.75)	0.6834 *** (5.07)
年份	Yes	Yes
行业	Yes	Yes
R - squared	0.216	0.312

注：***、** 分别表示1%、5%水平上显著。括号内为t值。

（3）更换股价崩盘风险指标。

本章使用的第二个股价崩盘风险的指标计算方法如下：首先，根据股票i经过市场调整后周收益率（$W_{i,s}$）是否大于年平均收益将股票收益数据分为上升阶段和下降阶段两个子样本，并分别计算两个样本中股票收益的标准差，然后使用如下的模型计算 $DUVOL_{i,t}$：

$$DUVOL_{i,t} = \ln\{[(n_{i,t}-1)\sum_{Down} W_{i,s}^2]/(n_d-1)\sum_{up} W_{i,s}^2\} \quad (4.8)$$

其中，$n_u(n_d)$为股票i的周特有收益 $W_{i,s}$大于（小于）年平均收益 W_i 的周数。$DUVOL_{i,t}$的数值越大，代表收益率分布更倾向于左偏，崩盘风险越大。

回归结果如表4.17所示，SSR1、SSR2的系数分别在5%、1%统计水平上显著为负。

表4.17　　卖空交易与股价崩盘风险：变量替换（3）

变量	(1) DUVOL	(2) DUVOL
SSR1	-1.8332 ** (-2.38)	
SSR2		-11.4692 *** (-3.80)

续表

变量	(1) DUVOL	(2) DUVOL
liquidity	-0.0687*** (-13.86)	-0.0686*** (-13.80)
return	-1.0733*** (-15.78)	-1.0738*** (-15.78)
totalassets	-0.0000*** (-6.19)	-0.0000*** (-6.40)
leverage	-0.5739*** (-12.52)	-0.5748*** (-12.54)
MB	-0.0041 (-0.39)	-0.0045 (-0.43)
ROA	-0.0465*** (-5.52)	-0.0467*** (-5.53)
Constant	0.2066*** (6.68)	0.2055*** (6.62)
年份	Yes	Yes
行业	Yes	Yes
R-squared	0.070	0.070

注：***、** 分别表示 1%、5% 水平上显著。括号内为 t 值。

4.6 进一步分析

4.6.1 基于动态面板的再估计

为了进一步保证本章研究结论的稳健性，这一部分使用两步系统 GMM 方法对假设 H4-1 进行重新估计，具体计量模型设定如下：

$$\begin{aligned} Volatility_{i,t}/CRAHRISK_{i,t} = {} & \alpha_0 + \alpha_1 Volatility_{i,t-1}/CRAHRISK_{i,t-1} \\ & + \alpha_2 SSR_{i,t} + \alpha_3 \sum controls_{i,t-1} \\ & + \mu_t + \delta_i + \varepsilon_{i,t} \end{aligned} \quad (4.9)$$

这一回归方程与方程（4.1）、方程（4.2）的差别在于加入了股价异质性波动/股价崩盘风险的滞后项。在GMM的估计框架之下，要保证估计结果的无偏性与一致性，则必须同时解决两个问题：一是处理滞后因变量引起的反向因果问题；二是缓解数据中不随时间变化的企业固定效应对估计结果的潜在干扰。Arellano（1990）指出，两步系统GMM模型可以很有效地处理上述动态面板方程所面临的问题，其原因是，无须采用额外工具变量，两步系统GMM模型就可以有效缓解可能存在的弱工具变量问题。同时，对于同时可能存在反向因果关系的控制变量，这一模型也可以通过对这些变量采取前定变量的形式加以处理。因此，这一模型可以在很大程度上保证估计结果的无偏性和有效性。

表4.18列出了两步系统GMM模型的估计结果。在表中的第（1）~第（4）列中，SSR1、SSR2的系数均显著为负，假设H4-1、假设H4-2再次得到验证。以上经验证据再一次深刻表明，在中国背景下，融券卖空抑制了股价波动与崩盘风险。此外，回归方程中的AR（1）、AR（2）以及Hansen-test，都通过了GMM模型的检验要求，这就充分说明，利用GMM模型识别融券卖空与股价异质性波动/股价崩盘风险的因果关系具备合理性。

表4.18　卖空交易与股价崩盘风险：基于动态面板的再估计

变量	(1) NCSKEW	(2) Volatility	(3) NCSKEW	(4) Volatility
L. NCSKEW	-0.0691*** (-4.96)		-0.0661*** (-4.73)	
L. Volatility		-0.0744*** (-5.21)		-0.0724*** (-5.03)
SSR1	12.2037*** (3.00)	-0.2957** (-2.10)		
SSR2			-20.6280*** (-3.64)	0.5404 (-2.47)
liquidity	-0.2549*** (-15.30)	0.0135*** (26.74)	-0.2560*** (-15.32)	0.0135*** (26.84)
return	-2.1463*** (-16.90)	0.0553*** (12.90)	-2.1261*** (-16.64)	0.0535*** (12.43)

续表

变量	(1) NCSKEW	(2) Volatility	(3) NCSKEW	(4) Volatility
totalassets	-0.0000*** (-6.22)	0.0000** (2.13)	-0.0000*** (-5.60)	0.0000 (1.43)
leverage	-1.6939*** (-6.94)	0.0181** (2.18)	-1.7172*** (-7.02)	0.0197** (2.38)
MB	0.2708*** (7.87)	-0.0117*** (-10.46)	0.2757*** (8.00)	-0.0119*** (-10.59)
ROA	-0.0862*** (-3.35)	-0.0018** (-2.16)	-0.0922*** (-3.60)	-0.0016* (-1.92)
Constant	0.6028*** (4.72)	0.0952*** (18.18)	0.5897*** (4.61)	0.0948*** (18.03)
AR (1) -test	0.00	0.00	0.00	0.00
AR (2) -test	0.39	0.43	0.40	0.49
Hansen-test	0.49	0.53	0.47	0.55

注：***、**、*分别表示1%、5%、10%水平上显著。括号内为Z值。

4.6.2 融券卖空对股价稳定性的长期提升效应

在此之前，本章主要关注的是融券卖空对股价稳定性的短期影响，除此之外，本章还关注融券卖空对股价稳定性的长期影响。为此，本章分别使用了第 t+1、t+3、t+5 期的股价异质性波动/股价崩盘风险作为被解释变量，重复之前的回归，估计结果见表4.19、表4.20。从两个表的估计结果可以看出，无论是以股价波动作为被解释变量还是以崩盘风险作为被解释变量，SSR1、SSR2 的估计系数均显著为负，这表明融券卖空对股价稳定性的促进作用依然成立，意味着融券卖空对股价稳定性的促进作用具有长期效应，这进一步支持了本章的两个研究假设。同时，由于这一部分考察的是融券卖空的远期影响，也进一步排除了反向因果关系对估计结果的干扰。

表4.19 卖空交易与股价异质性波动：长期提升效应

变量	(1) F. Volatility	(2) F3. Volatility	(3) F5. Volatility	(4) F. Volatility	(5) F3. Volatility	(6) F5. Volatility
SSR1	0.3139** (2.38)	-1.1781*** (-8.14)	-2.1119*** (-5.46)			
SSR2				-2.5613** (-2.09)	-6.7576*** (-5.07)	-15.3859*** (-5.53)
liquidity	0.0019*** (5.01)	0.0005 (1.30)	0.0050*** (9.72)	0.0017*** (4.39)	0.0007 (1.63)	0.0051*** (9.81)
return	0.0272*** (5.26)	-0.0377*** (-6.70)	-0.0952*** (-13.10)	0.0279*** (5.38)	-0.0376*** (-6.67)	-0.0963*** (-13.29)
totalassets	-0.0000 (-1.31)	-0.0000*** (-4.52)	0.0000 (0.07)	-0.0000 (-0.50)	-0.0000*** (-5.48)	0.0000 (0.02)
leverage	-0.0209*** (-5.71)	-0.0425*** (-10.62)	0.0382*** (7.77)	-0.0205*** (-5.62)	-0.0428*** (-10.68)	0.0384*** (7.80)
MB	-0.0063*** (-7.29)	0.0047*** (4.93)	-0.0112*** (-8.75)	-0.0062*** (-7.11)	0.0044*** (4.61)	-0.0113*** (-8.86)
ROA	-0.0086*** (-12.73)	-0.0062*** (-8.41)	-0.0045*** (-4.72)	-0.0084*** (-12.36)	-0.0063*** (-8.51)	-0.0044*** (-4.64)
Constant	0.1153*** (46.54)	0.1283*** (47.49)	0.0983*** (28.77)	0.1169*** (47.08)	0.1274*** (46.93)	0.0984*** (28.79)
年份	Yes	Yes	Yes	Yes	Yes	Yes
行业	Yes	Yes	Yes	Yes	Yes	Yes
R-squared	0.034	0.034	0.067	0.034	0.030	0.067

注：***、**分别表示1%、5%水平上显著。括号内为t值。

表4.20 卖空交易与股价崩盘风险：长期提升效应

变量	(1) F. NCSKEW	(2) F3. NCSKEW	(3) F5. NCSKEW	(4) F. NCSKEW	(5) F3. NCSKEW	(6) F5. NCSKEW
SSR1	-0.7843 (-0.42)	-7.4665*** (-3.66)	-9.1579*** (-3.62)			
SSR2				-13.7515* (-1.79)	-63.9353*** (-3.04)	-63.8048** (-2.46)

续表

变量	(1) F. NCSKEW	(2) F3. NCSKEW	(3) F5. NCSKEW	(4) F. NCSKEW	(5) F3. NCSKEW	(6) F5. NCSKEW
liquidity	0. 0138 *** (2. 58)	-0. 0001 (-0. 02)	0. 0218 *** (2. 87)	0. 0147 *** (2. 74)	-0. 0000 (-0. 01)	0. 0220 *** (2. 91)
return	0. 0310 (0. 42)	-0. 3593 *** (-4. 57)	0. 4667 *** (4. 40)	0. 0282 (0. 38)	-0. 3569 *** (-4. 54)	0. 4614 *** (4. 36)
totalassets	-0. 0000 * (-1. 80)	-0. 0000 *** (-2. 84)	-0. 0000 *** (-5. 15)	-0. 0000 ** (-2. 03)	-0. 0000 *** (-3. 10)	-0. 0000 *** (-5. 18)
leverage	0. 1981 *** (3. 80)	0. 0047 (0. 08)	-0. 2215 *** (-3. 07)	0. 1969 *** (3. 78)	0. 0040 (0. 07)	-0. 2210 *** (-3. 06)
MB	-0. 1643 *** (-13. 26)	-0. 1523 *** (-11. 39)	-0. 1006 *** (-5. 35)	-0. 1649 *** (-13. 33)	-0. 1539 *** (-11. 52)	-0. 1012 *** (-5. 39)
ROA	0. 0360 *** (3. 72)	0. 0119 (1. 15)	-0. 0300 ** (-2. 17)	0. 0350 *** (3. 62)	0. 0121 (1. 16)	-0. 0298 ** (-2. 15)
Constant	-0. 0666 * (-1. 89)	-0. 0266 (-0. 71)	-0. 1207 ** (-2. 42)	-0. 0731 ** (-2. 07)	-0. 0268 (-0. 71)	-0. 1207 ** (-2. 42)
年份	Yes	Yes	Yes	Yes	Yes	Yes
行业	Yes	Yes	Yes	Yes	Yes	Yes
R - squared	0. 034	0. 032	0. 032	0. 034	0. 031	0. 032

注：***、**、*分别表示1%、5%、10%水平上显著。括号内为t值。

4.6.3 融券卖空与股价稳定性：投资者情绪的视角

这一部分，本章从投资者情绪的视角进一步考察融券卖空对股价稳定性的影响。一般认为，投资者情绪是影响股价稳定性的最重要因素。可以设想：如果融券卖空能够抑制投资者的高涨情绪，那么就意味着融券卖空能够起到稳定市场的重要作用。为了验证这一影响，本章将设定如下模型：

$$Mood_{i,t} = \alpha_0 + \alpha_1 SSR_{i,t} + \sum \alpha_k controls_{i,t-1} + \eta_{ind} + \mu_t + \varepsilon_{i,t} \quad (4.10)$$

在这一模型中，$Mood_{i,t}$为个股的投资者情绪指标。根据现有文献

（李倩等，2018），选择6个变量，采用主成分分析法，构建投资者情绪指标，并选择第一大主成分作为衡量投资者情绪的指标。这6个变量分别是：（1）个股换手率；（2）个股收益率；（3）封闭式基金折价率；（4）个股年度交易量；（5）IPO首发股数；（6）IPO平均首日收益。可以预期，如果融券卖空能够抑制投资者情绪，那么SSR的系数 α_1 将显著为负。

表4.21为回归结果。由表中第（1）、（2）列可知，在双变量回归中，两个融券卖空代理变量SSR1、SSR2的系数均在1%统计水平下显著为负；由表中第（3）、第（4）列可知，在进一步加入其他控制变量的情形下，SSR1、SSR2的系数依然在1%统计水平上显著为负。这一结果意味着，在卖空限制放开以后，市场上的投资者情绪得到缓解，从而对股价起到了显著的稳定作用。这一结论与本章的假设H4－1、假设H4－2相呼应，共同表明，在中国背景之下，融券卖空确实能够提升市场稳定性。

表4.21 融券卖空与投资者情绪

变量	(1)	(2)	(3)	(4)
SSR1	-0.1187* (-1.92)		-0.0330** (-2.47)	
SSR2		-0.9676* (-1.82)		-0.7092*** (-3.35)
liquidity			-0.0005** (-2.45)	-0.0005** (-2.58)
return			0.0102*** (3.63)	0.0103*** (3.65)
totalassets			-0.0000 (-1.08)	-0.0000 (-1.04)
leverage			-0.0170*** (-7.57)	-0.0169*** (-7.54)
MB			-0.0020*** (-3.56)	-0.0020*** (-3.58)
ROA			0.0019*** (4.27)	0.0019*** (4.36)

续表

变量	(1)	(2)	(3)	(4)
Constant	0.0219 *** (65.03)	0.0226 *** (66.31)	0.0377 *** (28.74)	0.0379 *** (28.80)
年份	Yes	Yes	Yes	Yes
行业	Yes	Yes	Yes	Yes
R - squared	0.001	0.001	0.071	0.071

注：***、**、* 分别表示1%、5%、10%水平上显著。括号内为t值。

4.7 本章小结

卖空机制是否起到稳定市场的作用，一直是学术界的兴趣所在。虽然有一些文献考察了在中国背景下融券卖空与股价波动的关系。然而，现有研究存在如下几个问题：首先，现有研究对于卖空交易如何影响市场稳定性主要集中在市场层面，较少从企业层面探讨卖空交易究竟如何影响市场稳定性。其次，从作用逻辑来看，卖空交易和股价波动之间可能存在特定的内生性问题。现有文献一般利用两融标的扩容缓解这一问题，然而，证监会在选择两融标的时，本身会考虑个股股价波动性，这就导致股价波动性或者崩盘风险与两融标的之间存在互为因果的问题。最后，在融资融券制度推行期间，"沪港通"政策也同样出台，然而现有文献在研究卖空机制对股价稳定性的影响时，并未排除这一政策的影响。而如果不排除这一因素的影响，就可能导致高估卖空机制的作用效果。

基于此，本章利用2010~2018年中国上市公司融券标的数据，对卖空交易与股价异质性波动的关系做出了检验，结果表明：首先，卖空交易抑制了股价异质性波动和崩盘风险，在利用工具变量法、以"转融券"制度作为自然实验以及以"融资融券"制度作为自然实验缓解内生性问题后，该结论依然稳健。上述研究意味着，在中国背景下，融券卖空能够显著抑制股价波动，进而起到稳定股票市场的作用。

为了进一步加强研究问题的深度，本章还进行了两个方面的拓展：一方面，本章在GMM模型中的计量框架里进一步考察卖空机制对股价波动/

股价崩盘风险的影响，结论与假设 H4－1 保持一致，这一研究结论进一步加强了融券卖空与股价稳定性的因果关系；另一方面，本章从投资者情绪这一独特角度考察卖空机制对股价稳定性的影响，结果发现，卖空机制能够抑制投资者情绪，因而有利于稳定股票市场，提升了资本市场定价效率。这一结论进一步深化了假设 H4－1、假设 H4－2 的预测，与假说 H4－1、假设 H4－2 的结论共同为卖空机制的股价稳定效应提供了坚实的证据。

本章的研究有助于拓展股价异质性波动以及股价崩盘风险的研究视角，亦可丰富卖空机制相关文献。同时，本章的研究还具有如下政策内涵：首先，应该继续扩大融券标的名单，使更多符合资质的企业加入可卖空名单中来，进而使卖空交易的股票市场稳定作用得到更有效的发挥；其次，应该尽量使更多的投资者参与到卖空投资中来，进而进一步为稳定股票市场奠定坚实的基础。

第5章　融券卖空与股价信息含量

5.1　问题的提出

前面两章讨论了融券卖空对股价流动性、股价稳定性的影响，从本章开始，我们将重点考察融券卖空如何影响资本市场定价效率的另一个侧面——股价信息含量。股价的信息含量是有效市场理论的基础，在卖空交易的背景下考察股价信息含量有两个方面的重要意义：其一，从中国经济的现实来看，虽然我国的证券市场已经实现了20多年的发展，但是股价信息含量依然偏低，而且经常出现暴涨暴跌的局面。因此，在此背景下，探讨如何更好地通过外部市场压力提高股价信息含量无疑具有重要的现实意义。其二，从理论上来看，股票市场功能得以有效发挥的关键在于股价信息含量。只有股价充分反映企业内在价值，才能更好地缓解企业与投资者之间的信息不对称，进而有效发挥投资者的监督功能并降低投资者对企业价值判断的不确定性，由此更好地监督企业行为。可见，透过股价信息含量考察卖空机制的影响，可以更好地理解资本市场通过何种机制对企业行为产生影响，从而丰富现有文献。

事实上，有关卖空机制能否提升股价信息含量的问题，在很早就引起了学术界的兴趣。Miller（1977）研究发现，卖空的引入使悲观投资者的观点通过交易传导到股价中，进而提高了股价信息含量。Diamond和Verrecchia（1987）通过建立一个理性预期模型，发现卖空限制限制了股价对于负面信息的敏感程度。无论是Miller（1977）的模型还是Diamond和Verrechia（1987）的模型，都证明卖空者的交易行为会改进资本市场的定价效率。然而，也有学者指出，卖空交易可能会降低股价信息含量，例如，在 Goldstein 和 Guembel（2008）的理论模型中，卖空交易者的操纵行为给资本市场带来更多噪声。

自 2010 年之后，随着我国融资融券制度的推行和不断完善，卖空对中国上市公司定价效率的影响也引起了国内学术界的关注。这类文献主要考察两融标的增加对股价信息含量的影响。例如，李科等（2014）考察了卖空限制与错误定价之间的关系，发现不能被卖空的股票被严重高估。李志生等（2015）研究发现，融券制度的推出改善了定价效率。与上述结论相反，顾琪、王策（2017）发现，由于卖空摩擦的存在，卖空机制反而降低了资本市场定价效率。

然而，现有文献依然存在如下固有缺陷：首先，融券卖空与股价信息含量之间存在特定的内生性问题，现有文献一般利用两融标的扩容作为自然实验缓解这一问题。然而，证监会在选取两融标的时，很可能会考虑上市公司自身的价格信息能否反映企业的内在价值，因此，两融标的与股价信息含量之间可能存在互为因果的问题。其次，从 2010 年开始，两融标的逐渐扩容，融券交易量也在逐年增加，然而鲜有文献分阶段考察融券卖空对股价信息含量的影响是否在逐年增强，进而不能更好地评估卖空机制的实施效果。最后，现有文献缺乏对卖空机制影响股价信息含量的价值效应检验，卖空机制如果影响了股价信息含量，那么这种影响是否能够产生价值效应？这些问题的检验非常关键。

上述文献缺憾构成了本章的研究动机，因此，本章以我国融券制度推行作为研究背景，将股价信息含量纳入卖空机制的理论框架，并以 2010～2018 年融券标的企业为研究样本，利用固定效应模型、工具变量法、以“转融券”制度作为自然实验等方法，缓解了内生性问题，并得出如下结论：卖空交易提高了股价信息含量，降低了股价高估。以上实证结果在一定程度上支持了卖空机制的“股价信息含量提升效应”假说。

为了进一步加强研究问题的深度，本章还进行了两个方面的拓展：一方面，本章从股价高估这一特殊视角考察卖空机制对股价信息含量的影响，结果发现，卖空机制能够使悲观投资者的私有信息及时融入股价之中，因而抑制了股价高估，提升了资本市场定价效率。这一结论进一步深化了假设的预测，与假设的结论共同为卖空机制的股价信息含量提升效应提供了坚实的证据。另一方面，本章考察了这样一个问题，卖空机制是否能够借助股价信息含量渠道对公司价值起到显著的提升作用呢？带着这样的疑问，本章对这一问题做出检验，发现融券卖空强化了股价信息含量的当期和远期的价值效应。这一结论为卖空机制如何影响公司价值提供了一条重要的线索。

本章的贡献主要体现在如下方面：第一，本章的研究拓展了股价信息含量的研究视角，将金融创新、定价效率与企业价值联系起来，通过分析卖空机制下定价效率的变化，提供了新的卖空机制价值效应检验的范式。第二，本章的研究丰富了股价信息含量影响因素的相关研究。以往对于股价信息含量影响因素的研究主要集中在公司治理（袁知柱、鞠晓峰，2010）、融资约束（刘宇尧、陆家骝，2018）、媒体报道（黄俊、郭照蕊，2014）等方面，虽然有一部分文献从两融标的扩容的角度考察了股价信息含量，然而缺乏从卖空交易以及“转融券”制度对股价信息含量进行考察。因此，本章利用融券交易量作为初步检验，同时以我国独特的转融券制度实施的“准自然实验”，深入考察了融券卖空对股价信息含量的影响，使本章的研究不只是停留在初步的相关性分析，而是从因果识别的角度检验了卖空机制影响股价信息含量的客观表现以后，进一步分析和检验了相应的价值提升效应。第三，考虑到卖空机制与股价信息含量之间存在特定的内生性问题，我们利用固定效应模型、工具变量、以“转融券”作为自然实验等方法缓解了这一领域所面临的内生性问题，进而建立起卖空机制与股价信息含量之间的因果关系，使我们的实证结果更加可靠。第四，除了利用股价非同步性衡量股价信息含量外，本章还从股价高估这一独特视角考察融券卖空对股价信息含量的影响，从而形成双重的研究视角。第五，提供了融券卖空价值效应的政策启示。在政策实践上，许多国家都出台了限制卖空的举措，甚至就连经常标榜金融创新的美国也加入了这一行列。即便在我国，理论界与实务界对融券制度的推出也存在很大争议。本章发现融资融券制度的实施对企业股价信息含量具有促进作用，而且融券卖空可以通过股价信息含量渠道进一步提升企业价值，从而为融券卖空影响公司价值理清了一条清晰的路径。因此，应该在风险可控的前提下，考虑修正《融资融券交易实施细则》，继续扩大融券标的名单，降低卖空交易门槛，使卖空交易的作用得到更好的发挥。

5.2　卖空机制影响股价信息含量的理论逻辑

股票市场的主要功能是对知情交易者的信息进行汇总。一般认为，股价信息含量是有效市场理论的重要基础，如果股价信息能够充分反映企业的真实经营情况、企业未来计划、可能面临的财务风险等企业特质信息，那么市场上的投资者才会对企业的真实价值做出更准确的预测，从而使资本配置效率达到最高。然而，股票价格这一信息传递作用能够得到充分发挥的基本前提是，外部投资者与企业内部人之间的信息必须对称。但是，在现实世界中，要做到信息完全对称是不可能的（Stigliz，1988）。这就意味着，股价信息含量的高低，取决于是否存在某种激励机制，使企业内部信息能够最大限度地融入股价中，被外部投资者知晓。换言之，企业越有动机进行高质量的信息披露，其股价信息含量也就越高。事实上，有众多研究也证实了这一观点。例如，胡军、王甄（2015）以及何贤杰等（2018）的研究发现，开通微博等网络新媒体的企业，有效丰富了上市公司信息披露内容，拓展了股票投资者获取信息的渠道，因而有利于提高了资本市场定价效率。方红星、楚有为（2015）的研究也表明，自愿信息披露有利于企业特质信息传递到股价中，进而提高了资本市场定价效率。李丹、王丹（2016）的研究也表明，如果供应商能够披露其客户身份，则增加了投资者了解供应商信息的渠道，进而降低了股价同步性，由此提升了股价信息含量。同时，现有研究还发现，非财务信息的披露改善了证券市场信息环境（王艳艳等，2014）。可见，企业信息透明度在很大程度上决定了资本市场定价效率。在对股价信息含量影响因素梳理的基础上，本章认为，卖空机制能否提升股价信息含量的关键在于，卖空投资者能否充分挖掘企业的负面信息，由此提升企业信息透明度。

Miller（1977）在其关于卖空机制的开创性文献中发现，存在卖空限制的股票市场里，悲观投资者的异质观点不能得到有效表达，使市场中仅存在乐观投资者，从而导致股价高估，而卖空机制的引入使投资者的悲观观点以及私有信息通过交易活动传导到股票价格中，避免了市场内的乐观情绪所助长的错误定价。Diamond 和 Verrecchia（1987）、顾乃康和周艳利

(2017) 的研究均表明，卖空投资者善于挖掘企业的负面信息，那些隐藏负面信息的企业更容易被卖空投资者盯上。因此，在卖空约束放松以后，投资者的卖空威慑将会极大地提高企业管理层隐藏内部信息的成本，进而使企业管理层更有动机及时、准确、合规地将企业信息传达给投资者。事实上，陈晖丽、刘峰（2014）以中国的融券制度为研究背景，考察了卖空机制与企业盈余管理之间的关系，研究结果表明，在卖空约束放松以后，企业的盈余管理水平显著下降。李春涛等（2017）也发现，卖空机制通过提高管理层激励水平和改善信息不对称两个渠道提升了企业信息披露质量。李志生等（2017）的研究也表明，卖空机制提高了企业管理层对非强制信息的披露。同时，郑建明等（2017）利用中国上市重污染企业为研究样本，考察了卖空约束放松与环境信息质量的关系，结果发现，一方面，卖空约束放松有效提高了企业环境信息披露质量，且这一提升作用在第一大股东持股比例较高的企业中以及环境治理水平较低的区域表现得更加明显；另一方面，卖空交易者使企业负面信息不断融入股价中，也必然会吸引更多分析师跟踪（张璇等，2016），同时降低分析师预测偏差（胡凡、夏翊，2017；李丹等，2016），由此进一步增加管理层隐瞒企业内部信息的成本，进而提升企业信息披露质量。总之，卖空交易至少从上述两个方面提高了企业信息透明度。同时，随着企业信息披露质量的不断优化，企业的经营状况、未来计划等特质信息将会及时融入股价中，由此更加有利于股票市场上的投资者根据企业的实际情况对企业价值做出准确预期，进而做出更有效率的投资决策。基于以上分析，本章提出如下假设：

假设 H5－1：在其他条件不变的前提下，卖空机制提高了股价信息含量。

5.3 模型设定与变量说明

5.3.1 模型设定

为了检验假设 H5－1，即在其他条件不变的前提下，卖空机制是否真的提高了股价信息含量，本章借鉴孟庆斌、黄清华（2018）的研究，设定如下模型：

$$SYN_{i,t} = \alpha_0 + \alpha_1 SSR_{i,t} + \alpha_k \sum controls_{i,t-1} + \eta_{in} + \mu_t + \varepsilon_{i,t} \quad (5.1)$$

其中，$SYN_{i,t}$为上市公司 i 在年份 t 的股价非同步性指标，该值越大，意味着股价信息含量越高。$SSR_{i,t}$为标的股票的卖空交易量，如果卖空机制促进了股价信息含量的提高，那么模型（5.1）中的 α_1 将显著为正。

5.3.2 变量定义

（1）被解释变量：股价信息含量（$SYN_{i,t}$）。关于它的衡量方式，本章借鉴 Morck 等（2000）的方法，利用股价非同步性指标衡量。具体地，通过下面的回归方程将个股收益率的方差分解为市场收益率方差与个股特质方差两个部分：

$$r_{it,w} = \alpha_0 + \alpha_1 \times r_{mt,w} + \varepsilon_{it,w} \quad (5.2)$$

其中，$r_{it,w}$为年份 t 企业 i 的周收益率，$r_{mt,w}$为市场的周收益率，$\varepsilon_{it,w}$为残差。该方程的拟合优度为 $R^2_{i,t}$，表示市场收益率对个股收益率的解释力；$1 - R^2_{i,t}$则衡量公司特质信息对个股收益率的解释力。股价信息含量 $SYN_{i,t}$ 定义为：

$$SYN_{i,t} = \ln[(1 - R^2_{i,t})/R^2_{i,t}] \quad (5.3)$$

若 $\varepsilon_{it,w}$的方差上升，则拟合优度 $R^2_{i,t}$变小，此时股价信息含量 $SYN_{i,t}$变大。

（2）解释变量：卖空交易（$SSR_{i,t}$）。延续前两章的衡量方式，依然利用两个指标度量卖空交易量，分别是年度融券卖出量与流通股股本之比（$SSR1_{i,t}$）、融券余量与流通股股本之比（$SSR2_{i,t}$）。

（3）控制变量：换手率（$liquidity_{i,t}$）用本年度的月均换手率表示；股票收益率（$return_{i,t}$）用年个股收益率表示；企业规模（$size_{i,t}$）用总资产的自然对数表示；市值账面比（$MB_{i,t}$）利用如下公式衡量：（股票价格 × 流通股数量 + 每股净资产 × 非流通股数量）/正面权益价值；总资产收益率（$ROA_{i,t}$）用净利润与总资产之比表示；此外，考虑到行业不可观测因素以及宏观经济环境会对本章的估计结果产生重要影响，我们控制了行业（η_{in}）与年份虚拟变量（μ_t）。本章的主要变量如表 5.1 所示。

表 5.1　　变量说明

变量类型	变量名称	变量代码	变量度量
被解释变量	股价信息含量	SYN	借鉴 Morck 等（2000）的方法构造
被解释变量	融券交易量	SSR1	年度融券卖出量与个股流通股股本之比
	融券余量	SSR2	融券余量与个股流通股股本之比
控制变量	换手率	liquidity	用本年度的月均换手率表示
	股票收益率	return	用年个股收益率表示
	企业规模	size	用总资产的自然对数表示
	市值账面比	MB	利用如下公式衡量:(股票价格×流通股数量+每股净资产×非流通股数量)/正面权益价值
	总资产收益率	ROA	用净利润与总资产余额之比表示

5.3.3　数据来源

本章利用固定效应模型作为基准模型，同时以工具变量法、以“转融券”制度作为自然实验等方法考察融券卖空对股价信息含量的因果影响。企业数据样本来源于国泰安数据库与万德数据库，并以2010~2018年的样本作为主要考察区间。本章参照以往研究，对数据做了如下处理：（1）删除有数据缺失的企业；（2）删除金融类企业；（3）对连续变量在1%与99%分位数进行了缩尾处理。

5.3.4　描述性统计

表5.2为描述性统计结果。股价信息含量的均值为0.304，标准差为0.836，可见股价信息含量在不同企业之间差异较大。

表 5.2　　描述性统计

变量	均值	标准差	最小值	最大值
SYN	0.304	0.836	-1.430	2.535
SSR1	0.0011	0.0040	0	0.0255
SSR2	0.0001	0.0002	0	0.0018

续表

变量	均值	标准差	最小值	最大值
turnover	0.5812	0.4237	0.0312	2.5034
return	0.0234	0.1398	-0.2018	0.4782
totalassets	21.8112	1.6323	10.8429	30.6671
MB	0.8191	0.8374	0.0765	4.7532
ROA	0.1311	0.0897	0	0.2417

5.4　实证结果与分析

这一部分，我们采用相应模型考察融券卖空对股价信息含量的影响，并详细讨论经验结果。首先，我们采用模型（5.1）做出基本检验；其次，考虑到融券卖空与股价信息含量之间可能存在特定的内生性问题，我们同时采用固定效应模型、工具变量法、以“转融券”制度作为自然实验等多种方法缓解可能存在的内生性问题；最后，本章进行了其他稳健性检验。

5.4.1　融券卖空与股价信息含量：基准回归

表 5.3 为假设 H5-1 的检验结果。表中的第（1）、（2）列为双变量回归结果，由表中可知，SSR1、SSR2 的系数均在 1% 统计水平下显著为正；表中的第（3）、（4）列进一步加入了其他企业层面的变量，发现 SSR1、SSR2 的系数分别在 1%、5% 统计水平上显著为正。上述结果表明，卖空机制提高了股价信息含量。结合前面的理论分析与实证结果，本章初步得出如下结论：在卖空约束放松以后，面对卖空投资者的卖空威慑，企业管理层隐藏负面信息的成本明显提高，因此，企业管理层将更有动机准确、合规地披露信息。而随着企业信息环境的不断优化，股价信息含量必然得到改善，由此缓解了错误定价。

表 5.3　　融券卖空与股价信息含量：对假设 1 的检验

变量	(1)	(2)	(3)	(4)
SSR1	15.8057*** (8.77)		6.4364*** (3.40)	
SSR2		93.2419*** (5.77)		32.8021** (2.28)
liquidity			-0.1261*** (-8.04)	0.1416*** (8.78)
return			-0.6417*** (-4.27)	0.6731*** (4.09)
size			0.0000 (0.25)	-0.0000 (-0.72)
MB			0.1734*** (9.50)	-0.1785*** (-8.93)
ROA			0.0394** (2.15)	-0.0429** (-2.31)
Constant	-0.4156*** (-3.57)	-0.3732*** (-2.78)	-0.0681 (-0.46)	-0.0232 (-0.16)
年份	Yes	Yes	Yes	Yes
行业	Yes	Yes	Yes	Yes
R-squared	0.110	0.094	0.224	0.221

注：***、** 分别表示 1%、5% 水平上显著。括号内为 t 值。

5.4.2　融券卖空与股价信息含量：分时间窗口检验

事实上，中国的融券制度起步较晚，且与西方发达国家之间存在根本差别，其中一个显著不同就是我国的融券制度是采取分步扩容的模式逐步推进的。截至 2014 年，融券制度一共经历了四次扩容，分别为 2011 年 12 月第一次扩容，2013 年 1 月和 9 月第二、第三次扩容，2014 年 9 月第四次扩容。这种分步扩容的特征使我们有机会评估融券制度在各个阶段的实施效果。因此，为进一步检验融券制度的不同阶段，卖空交易对股价信息含量的不同影响，本章依据融资融券制度的推进事件进行分时段检验。值得注意的是，由于 2013 年的两次扩容相隔太近，因此我们将其合并到一起处理。因此，在接下来的回归中，我们将研究样本划分 3 个时段进行分组回归。

表 5.4 为在融券制度分步扩容的不同阶段，融券卖空对股价信息含量影响的估计结果。由表 5.4 中的第（1）、（2）列可知，在 2010 年的起始阶段到 2011 年的第一次扩容中，两个卖空交易代理变量 SSR1、SSR2 的系数均不显著，表明在最初阶段，融券卖空并没有很好地促进股价信息含量的提高；由表 5.4 中的第（3）、（4）列可知，在 2012 年的起始阶段到 2013 年的第二、第三次扩容中，SSR1、SSR2 的系数分别在 5%、10% 统计水平下显著为正，意味着随着融资融券试点的逐步扩展以及融券交易规模的逐渐增加，融券交易的股价信息含量提升效应也逐渐开始显现；由表 5.4 中的第（5）、（6）列可知，在 2014 年以后的第四次扩容中，SSR1、SSR2 的系数均在 1% 统计水平上显著为正，表明融券卖空的股价信息含量提升效应已经非常明显。总的来讲，融券卖空对股价信息含量的提升效应随着融券制度的逐步成熟以及融券交易规模的逐渐扩大而越来越明显，其原因是，在融券制度的开始阶段，卖空交易门槛相对较高，这就大大限制了卖空投资者的交易动机，使卖空机制的作用得不到很好的发挥。而随着融券制度的逐渐成熟，融券交易门槛逐渐降低，融券交易规模也相应扩大，因而卖空交易的作用也就变得更加明显。可见，要进一步发挥卖空机制的定价效率提升作用，有必要进一步降低卖空交易成本，并将更多企业纳入可卖空名单中。

表 5.4　融券卖空与股价信息含量：分时间窗口估计结果

变量	(1)	(2)	(3)	(4)	(5)	(6)
SSR1	5.2418 (1.11)		8.7627** (2.45)		17.0055*** (4.27)	
SSR2		32.6611 (1.36)		45.5739* (1.94)		91.0748*** (7.07)
liquidity	−0.0609*** (−12.64)	−0.0628*** (−12.93)	−0.0595*** (−12.15)	−0.0619*** (−12.54)	−0.0453 (−1.14)	−0.0869** (−2.15)
return	−0.4134*** (−6.20)	−0.4317*** (−6.43)	−0.4142*** (−6.11)	−0.4357*** (−6.39)	0.1938 (0.56)	0.1139 (0.32)

续表

变量	(1)	(2)	(3)	(4)	(5)	(6)
size	0.0000 (0.71)	0.0000 ** (2.45)	-0.0000 (-0.01)	0.0000 (1.43)	-0.0000 (-0.39)	-0.0000 (-0.14)
MB	0.1760 *** (21.43)	0.1826 *** (22.16)	0.1835 *** (20.46)	0.1916 *** (21.30)	0.1289 *** (3.86)	0.1471 *** (4.29)
ROA	0.0340 *** (4.82)	0.0381 *** (5.37)	0.0302 *** (4.19)	0.0339 *** (4.68)	-0.0726 (-1.54)	-0.0546 (-1.12)
Constant	0.4060 *** (11.33)	0.4247 *** (11.76)	0.5267 *** (7.84)	0.5490 *** (8.11)	-0.0434 (-0.10)	0.2463 (0.58)
年份	Yes	Yes	Yes	Yes	Yes	Yes
行业	Yes	Yes	Yes	Yes	Yes	Yes
R - squared	0.256	0.247	0.268	0.259	0.325	0.279

注：***、**、*分别表示1%、5%、10%水平上显著。括号内为t值。

5.4.3 排除“沪港通”交易制度的影响

这一部分，延续前面两章的做法，我们进一步考察“沪港通”交易制度对融券卖空效应的影响。为排除“沪港通”交易制度的影响，本章删除了2014年的样本后重新回归，结果如表5.5中的第（1）、（2）列所示，由表中可知，SSR1、SSR2的系数分别在1%、5%统计水平下显著，表明在有效排除“沪港通”交易制度的影响后，融资融券制度对股价信息含量具有明显的提升作用。

表5.5　融券卖空与股价信息含量：排除“沪港通”交易制度的影响

变量	(1)	(2)
SSR1	7.3057 *** (4.83)	
SSR2		35.5984 ** (2.52)
liquidity	-0.0874 *** (-13.12)	-0.0886 *** (-13.23)

续表

变量	(1)	(2)
return	-1.0317*** (-12.68)	-1.0295*** (-12.63)
totalassets	-0.0000 (-0.25)	0.0000 (0.51)
MB	0.2041*** (21.33)	0.2061*** (21.54)
ROA	0.0776*** (8.60)	0.0790*** (8.74)
Constant	-0.2010*** (-6.13)	-0.1883*** (-5.71)
年份	Yes	Yes
行业	Yes	Yes
R-squared	0.141	0.139

注：***、**分别表示1%、5%水平上显著。括号内为t值。

5.5 因果识别与稳健性检验

5.5.1 因果识别

前面的理论分析与实证结果虽然初步表明，卖空机制提高了股价信息含量。然而，由此认定卖空机制是股价信息含量提升的原因，其理由并不充足。第一，是否还存在某些遗漏因素同时影响融券卖空和股价信息含量？第二，股价信息含量是否会对卖空交易产生影响？第三，两个卖空交易指标的测量误差是否依然存在？上述问题都会对本章的估计结果产生严重干扰。为克服可能存在的内生性问题，这一部分的核心工作是，采用固定效应模型、工具变量法以及以“转融券”制度作为“自然实验”等方法识别卖空机制对股价信息含量的因果影响，以期更好地理解卖空机制的经济后果。

（1）固定效应模型检验结果。

本章在前面的估计结果中，我们并未考虑企业文化、企业家精神等企业层面的遗漏变量，这些因素本身也可能对股价信息含量产生影响，因而可能导致前面的估计结果产生误差。因此，在第一部分，我们将利用固定效应模型缓解不随时间变化的企业层面的遗漏变量对本章估计结果的潜在影响。表 5.6 的估计结果表明，SSR1、SSR2 的系数均在 1% 统计水平上显著为正，表明在考虑企业层面遗漏变量的前提下，卖空机制依然对股价信息含量产生了促进效应。这一结论再次支持了之前的发现。

表 5.6　　融券卖空与股价信息含量：固定效应模型检验结果

变量	（1）	（2）
SSR1	9.3248*** （3.18）	
SSR2		60.2564*** （3.31）
liquidity	-0.2027*** （-7.61）	-0.2641*** （-9.79）
return	-0.3360** （-2.10）	0.0566 （0.37）
size	0.0000*** （3.06）	0.0000 （0.16）
MB	-0.0163 （-0.59）	-0.0281 （-1.07）
ROA	-0.0485 （-1.62）	0.0316 （1.06）
Constant	0.4182*** （3.24）	0.3367*** （2.94）
年份	Yes	Yes
R - squared	0.175	0.075

注：***、** 分别表示 1%、5% 水平上显著。括号内为 t 值。

（2）工具变量检验。

这一部分进一步利用工具变量法识别卖空机制与股价信息含量之间的

因果关系。本章借鉴已有研究，分别利用同行业、同年度其他融券交易量的均值（SSRd）以及同行业、同年度其他企业融券余量的均值（SSRf）分别作为SSR1、SSR2的工具变量。检验结果如表5.7所示。由表中第（1）、（2）列的第一阶段回归显示，SSRd、SSRf的系数均显著为正，表明工具变量与两个内生变量之间存在极强的相关性。同时，第一阶段估计结果的F值大于16.38，表明并没有产生弱工具变量问题。由表中第（3）、（4）列的第二阶段回归结果可知，SSR1、SSR2的系数均显著为正，表明在有效缓解内生性问题的前提下，卖空交易确实对股价信息含量具有促进效应。上述研究结果为本章的假设H5－1提供了重要的经验证据，也为中国情景下金融创新对资本市场质量可能产生的积极效应，提供了不可忽略的经验证据。

表5.7　融券卖空与股价信息含量：工具变量法检验结果

变量	(1) SSR1	(2) SSR2	(3) SYN	(4) SYN
SSRd	0.8650 *** (15.48)			
SSRf		0.7225 *** (8.47)		
SSR1			56.8900 *** (4.99)	
SSR2				691.5860 *** (3.52)
liquidity	−0.0003 *** (−11.71)	−0.0000 *** (−13.57)	0.0193 *** (2.63)	0.0315 *** (2.62)
return	−0.0015 *** (−3.67)	−0.0000 (−0.95)	−0.3097 *** (−4.37)	−0.3814 *** (−4.65)
size	0.0000 *** (19.84)	0.0000 *** (14.75)	−0.0000 ** (−2.51)	−0.0000 * (−1.76)
MB	0.0005 *** (9.45)	0.0000 *** (4.22)	0.1570 *** (14.50)	0.1661 *** (15.12)

续表

变量	(1) SSR1	(2) SSR2	(3) SYN	(4) SYN
ROA	0.0004 *** (9.45)	0.0000 *** (9.80)	0.0460 *** (4.91)	0.0351 *** (2.78)
Constant	0.0014 *** (5.82)	0.0002 *** (8.74)	-0.4029 *** (-8.65)	-0.4812 *** (-6.06)
第一阶段 F 值	108.67	85.52		
年份	Yes	Yes	Yes	Yes
行业	Yes	Yes	Yes	Yes
R - squared	0.171	0.100	0.171	0.106

注：*、**、*** 分别表示 1%、5%、10% 水平上显著。括号内为 t 值。

（3）来自“转融券”制度的自然实验。

为进一步缓解可能存在的内生性问题，本章依然利用“转融券”制度作为自然实验。为了衡量转融券制度的短期因果效应，本章延续前面的做法，只保留了 2013 年“转融券”制度推行前后各一年的数据，也即 2012 ~ 2014 年的数据。同时，具体估计过程与第 3 章、第 4 章相同。具体地，我们采用如下双重差分模型检验假设 H5 - 1：

$$SYN_{i,t} = \alpha_0 + \alpha_1 treat_{i,t} \times after_{i,t} + \sum \alpha_k controls_{i,t-1} + \eta_{ind} + \mu_t + \varepsilon_{i,t} \tag{5.4}$$

其中，$treat_{i,t}$为组别虚拟变量，如果企业属于转融券标的，则取值为 1，否则为 0；$after_{i,t}$为事件虚拟变量，若样本观测值处于 2013 年及以后，则取值为 1，否则为 0。控制变量与模型（5.1）保持一致。

表 5.8 报告了估计结果，其中，表中第（1）列为未控制年份、行业的估计结果，由表中可知，$treat_{i,t} \times after_{i,t}$的系数显著为正；表中第（2）列进一步控制了年份、行业，由表中可知，$treat_{i,t} \times after_{i,t}$的系数依然在 1% 统计水平上显著为正，这表明卖空交易促进了股价信息含量的提升。这一双重差分估计结果再一次支持了之前的发现。

表 5.8　　融券卖空与股价信息含量：来自“转融券”制度的自然实验

变量	(1)	(2)
treat × after	0.1732*** (3.24)	0.1558*** (2.88)
liquidity	-0.1377*** (-9.39)	-0.1384*** (-9.03)
return	-0.6509*** (-4.33)	-0.5516*** (-3.59)
size	0.0000* (1.72)	0.0000 (0.56)
MB	0.1798*** (11.47)	0.1847*** (10.06)
ROA	0.0418** (2.30)	0.0481*** (2.60)
Constant	-0.1300** (-2.15)	0.0369 (0.25)
年份	No	Yes
行业	No	Yes
R - squared	0.175	0.223

注：***、**、*分别表示1%、5%、10%水平上显著。括号内为t值。

（4）来自“融资融券”制度的自然实验。

在这一部分，延续前面两章的做法，利用双重差分法对假设 H5-1 做出检验。我们将计量模型设定为如下形式：

$$SYN_{i,t} = \alpha_0 + \alpha_1 treat_{i,t} \times post_{i,t} + \sum \alpha_k controls_{i,t-1} + \eta_{ind} + \mu_t + \varepsilon_{i,t} \quad (5.5)$$

其中，在这一模型中，我们利用 treat × post 作为解释变量（这一解释变量的定义遵循第 4 章），对两个假设 H5-1 做出检验。控制变量与模型（5.3）保持一致。

表 5.9 的第（1）、（2）列为估计结果，由表中可知，无论是双变量回归，还是加入其他控制变量，treat × post 的系数均显著为正。以上结果再次表明，本章假设 H5-1 的估计结果是稳健的。

表 5.9　融券卖空与股价信息含量：来自“融资融券”制度的自然实验

变量	(1)	(2)
treat × post	0.0301*** (3.55)	0.1109*** (5.38)
liquidity		-0.0100** (-1.99)
return		-0.2353*** (-3.58)
totalassets		0.0000*** (4.23)
MB		0.1860*** (20.41)
ROA		0.0709*** (9.00)
Constant	-0.3098*** (-38.38)	-0.1864*** (-6.49)
年份	Yes	Yes
行业	Yes	Yes
R - squared	0.009	0.058

注：***、** 分别表示 1%、5% 水平上显著。括号内为 t 值。

5.5.2　稳健性检验

（1）利用融券交易量的对数变化作为解释变量。

这一部分，本章利用融券交易量的对数变化（SSR1r）作为解释变量对假设 H5-1 重新回归。表 5.10 中的第（1）列为替换解释变量后的回归结果，由表中可知，SSR1r 的系数显著为正，表明融券卖空提升了股价信息含量。

（2）利用融券余量的对数变化作为解释变量。

这一部分，本章利用融券余量的对数变化（SSR2r）作为解释变量重新回归。表 5.10 中的第（2）列为替换解释变量后的回归结果，SSR2r 的系数显著为正，表明融券卖空提升了股价信息含量。

表 5.10 融券卖空与股价信息含量：变量替换

变量	(2)	(3)
SSR1r	0.0164 * (1.79)	
SSR2r		0.0316 * (1.84)
liquidity	-0.0856 ** (-2.03)	-0.0809 ** (-2.00)
return	-0.4312 (-1.42)	-0.4646 (-1.52)
size	0.0000 (1.15)	0.0000 (1.30)
MB	0.1266 ** (2.44)	0.1201 ** (2.35)
ROA	-0.1055 ** (-2.58)	-0.1125 *** (-2.68)
Constant	-2.4474 *** (-5.13)	-2.4035 *** (-5.20)
年份	Yes	Yes
行业	Yes	Yes
R - squared	0.367	0.363

注：***、**、*分别表示 1%、5%、10% 水平上显著。括号内为 t 值。

（3）分位数估计结果。

本章认为，融券卖空的“股价信息含量提升效应”的发挥应该与企业股价信息含量的高低有很大的关系，可以设想，那些股价信息含量越低的上市公司受融券卖空的影响也就越大，其原因是，股价信息含量越低的企业，卖空投资者挖掘其负面信息的潜在空间就越大，因而这类企业越容易被卖空投资者盯上。如果卖空交易与股价信息含量的关系真的存在这种非线性特征，那么认清这种非线性关系有助于进一步理解两者之间的内在规律。有鉴于此，我们将引入面板分位数回归来检验以上问题。面板分位数回归可以考察不同分位数上融券卖空对股价信息含量提升效应的差异。本章借鉴戴魁早等（2016）的方法，设定如下分位数方程：

$$Q_{\theta}[SYN_{i,t} \mid Z_{i,t-1}(SSR)] = Z'_{i,t-1}(SSR)\alpha_k(\theta) \tag{5.6}$$

其中，$SYN_{i,t}$表示股价信息含量，SSR 为卖空交易，与前面一样，用 SSR1 与 SSR2 两个指标表示，$Z_{i,t-1}(SSR)$是影响股价信息含量的因素，包括卖空交易；$Q_{\theta}[SYN_{i,t} \mid Z_{i,t-1}(SSR)]$为给定影响因素 $Z_{i,t-1}(SSR)$的情形下，股价信息含量在第 θ 分位数上的值。$\alpha_k(\theta)$为影响因素 $Z_{i,t-1}(SSR)$在第 θ 分位数上的估计系数向量。估计量由下面的极小化问题定义：

$$\min \sum_{i:SYN_{i,t} \geqslant Z'_{i,t-1}(SSR)}^{n} \theta \left| SYN_{i,t} - Z'_{i,t-1}(SSR)\alpha_k(\theta) \right| + \sum_{i:SYN_{i,t} \geqslant Z'_{i,t-1}(SSR)}^{n} (1-\theta) \left| SYN_{i,t} - Z'_{t-1}(SSR)\alpha_k(\theta) \right| \tag{5.7}$$

其中，n 为样本容量。在估计过程中，本章设定四个分位点，分别是 25%、45%、65%、85%。表 5.11 的分位数回归很好地证实了我们的猜想：首先，与假设 H5-1 的预测类似，无论是基于 SSR1 还是基于 SSR2，融券卖空对股价信息含量在各个分位数上均产生正向影响。其次，在不同的分位数上，融券卖空对股价信息含量的影响存在明显差异。在 25 分位数上，融券卖空的系数最大；在 45、65 分位数上，融券卖空的系数依次降低；而在 85 分位数上，其系数最小。这些结果进一步验证并深化了我们的基础假说，即融券卖空会对股价信息含量产生提升效应，而股价信息含量越低的企业，其受融券卖空的积极影响就越大。

表 5.11　　融券卖空与股价信息含量：分位数回归估计结果

变量	(1) q20	(2) q40	(3) q60	(4) q80	(5) q20	(6) q40	(7) q60	(8) q80
SSR1	15.5155*** (3.39)	13.9494*** (6.36)	8.1744*** (4.74)	5.2011*** (5.98)				
SSR2					88.8535*** (3.07)	72.0624** (2.00)	43.0269* (1.68)	40.0188 (1.61)
liquidity	-0.0324** (-2.30)	-0.0347*** (-4.38)	-0.0271*** (-4.31)	-0.0267*** (-3.45)	-0.0333*** (-4.51)	-0.0358*** (-4.43)	-0.0285*** (-4.33)	-0.0273*** (-3.67)
return	0.2971* (1.74)	0.2858*** (3.31)	0.3092*** (2.96)	0.1756 (1.49)	0.2555* (1.82)	0.2563*** (3.07)	0.3008*** (3.98)	0.1528*** (2.60)
size	0.0000 (0.28)	-0.0000 (-0.07)	0.0000** (2.01)	0.0000 (1.28)	0.0000 (0.95)	0.0000 (0.60)	0.0000** (2.42)	0.0000* (1.90)
mb	0.2163*** (6.47)	0.1918*** (7.68)	0.2030*** (9.14)	0.2383*** (10.45)	0.2192*** (9.71)	0.1941*** (8.29)	0.2000*** (9.71)	0.2503*** (11.43)

续表

变量	(1) q20	(2) q40	(3) q60	(4) q80	(5) q20	(6) q40	(7) q60	(8) q80
roa	0.0359* (1.71)	0.0291*** (2.69)	0.0260*** (2.68)	0.0297 (1.55)	0.0423** (1.97)	0.0354*** (2.58)	0.0297** (2.38)	0.0341** (2.31)
Constant	-2.2758*** (-12.22)	-1.7778*** (-15.91)	-1.2806*** (-9.20)	-0.7477*** (-4.82)	-2.1151*** (-7.06)	-1.6560*** (-13.84)	-1.1948*** (-8.93)	-0.6393*** (-4.15)
年份	Yes	Yes	Yes	Yes	Yes	Yes	Yes	Yes
行业	Yes	Yes	Yes	Yes	Yes	Yes	Yes	Yes
伪 R^2	0.1090	0.1072	0.1024	0.0982	0.1056	0.1044	0.0993	0.0960

注：***、**、*分别表示1%、5%、10%水平上显著。括号内为t值。

（4）改变样本区间。

考虑到2015年股灾期间，监管层为救市采取了诸多措施，如将融券业务由“T+0”改为“T+1”，这类事件可能对本章的估计结果产生干扰，因此，为了排除融券业务规则调整的影响，本章去掉2015年的样本再进行回归，结果如表5.12所示，融券卖空的两个代理变量SSR1、SSR2的系数依然在1%统计水平上显著为正，再次支持了之前的发现。

表5.12　　融券卖空与股价信息含量：改变样本区间

变量	(1)	(2)
SSR1	2.1075*** (3.39)	
SSR2		4.2322*** (4.52)
liquidity	-0.0051 (-1.02)	-0.0058 (-1.16)
return	-0.2517*** (-3.83)	-0.2503*** (-3.80)
size	0.0000*** (2.94)	0.0000*** (3.23)
MB	0.1804*** (19.81)	0.1812*** (19.94)
ROA	0.0663*** (8.42)	0.0669*** (8.49)

续表

变量	(1)	(2)
Constant	-0.2305*** (-8.13)	-0.2254*** (-7.93)
年份	Yes	Yes
行业	Yes	Yes
R-squared	0.056	0.056

注：*** 表示1%水平上显著。括号内为t值。

5.6 进一步分析

5.6.1 融券卖空与股价信息含量：基于股价高估的视角

接下来，我们将从股价高估这一特殊视角分析融券卖空是否能够提升股价信息含量，缓解错误定价。Miller（1977）研究发现，在存在卖空限制的情形下，悲观投资者不能通过自身交易表达观点，市场上只存在乐观投资者，因此股价存在高估现象。在卖空约束放松以后，悲观投资者的观点通过交易活动传导到股票价格中，使负面信息能够尽快融入股价中，降低由于投资者的乐观情绪导致的股价高估，从而提升股价信息含量。

在正式检验融券卖空是否导致股价高估之前，我们将检验在限制卖空交易的情形下，异质信念与股票收益率的关系。具体地，我们将模型设定为如下形式：

$$return_{i,t} = \alpha_0 + \alpha_1 turnover_{i,t} + \sum \alpha_k controls_{i,t-1} + \eta_{ind} + \mu_t + \varepsilon_{i,t} \tag{5.8}$$

其中，$return_{i,t}$为股票收益率，$turnover_{i,t}$为投资者异质信念程度，用股票换手率衡量。在这一模型中，我们还加入了如下控制变量：企业规模（$totalassets_{i,t}$）、市值账面比（$MB_{i,t}$）、总资产收益率（$ROA_{i,t}$）、负债率

(leverage$_{i,t}$)、主营业务收入增长率(sgr$_{i,t}$),可以预期,在卖空限制之下,投资者之间的异质信念越大,股票收益率就越高,股价高估程度也就越高,亦即 α_1 显著大于0。

孟庆斌等(2018)的研究表明,在卖空约束放松以后,股价将随之下跌,且这一下跌幅度随异质信念的扩大而加大。可见,卖空机制可以通过引入负面观点尽快融入股价中,进而降低股价高估程度,使股价更能反映企业的内在价值,由此提升股价信息含量。为验证融券卖空是否真的能抑制股价高估,我们将模型设定为如下形式:

$$return_{i,t} = \alpha_0 + \alpha_1 turnover_{i,t} \times SSR_{i,t} + \alpha_2 turnover_{i,t} + \alpha_3 SSR_{i,t} + \sum \alpha_k controls_{i,t-1} + \eta_{ind} + \mu_t + \varepsilon_{i,t} \quad (5.9)$$

这一模型在模型(5.8)的基础上加入融券卖空与异质信念的交乘项 $SYN_{i,t} \times SSR_{i,t}$。同时,我们预期这一交乘项的系数将小于0,即融券卖空确实可以降低股价高估。

本章利用模型(5.8)检验在融资融券制度正式推行之前,即卖空交易存在严重约束的情形之下,市场上的异质信念如何影响股票收益率。这一部分的研究样本为A股所有上市公司(剔除ST、PT与金融类企业),样本时间段为2007~2009年。结果如表5.13所示,在表中第(1)列的双变量回归中,异质信念的系数在1%统计水平下显著为正;表中第(2)列进一步加入其他企业层面的控制变量,由表中可知,异质信念的系数仍在1%统计水平上显著为正。以上结果充分表明,在存在绝对卖空约束的前提下,悲观投资者无法将私有信息传递到股价中,此时股市中被乐观投资者主导,因而股价存在严重高估。这一结论与Miller(1977)、孟庆斌等(2018)保持一致。

表5.13　　存在卖空约束下的异质信念与股价高估

变量	(1) return	(2) return
turnover	0.0142*** (22.95)	0.0138*** (14.25)
totalassets		-0.0000 (-0.64)

续表

变量	(1) return	(2) return
MB		-0.0041 * (-1.79)
ROA		0.0003 (0.18)
leverage		0.0062 *** (3.71)
sgr		-1.3804 *** (-17.32)
Constant	-0.0123 *** (-6.58)	0.2053 *** (11.79)
年份	Yes	Yes
行业	Yes	Yes
R-squared	0.040	0.089

注：***、*分别表示1%、10%水平上显著。括号内为t值。

接下来，本章将继续利用模型（5.9）检验在卖空约束缓解之后，融券卖空是否使悲观投资者的私有信息及时融入股价中，从而缓解股价高估，提升股价信息含量。这一部分的样本区间为2010~2018年。回归结果如表5.14所示，由表中可知，turnover×SSR1、turnover×SSR2的系数分别在5%、1%统计水平上显著为负。这一结果意味着，在卖空限制放开以后，悲观投资者所掌握的私有信息及时融入股价中，进而缓解了由乐观情绪导致的股价高估程度，缓解了错误定价。这一结论与本章的假设H5-1相呼应，共同表明，在中国背景之下，融券卖空确实能够修正错误定价，从而提升股价信息含量。

表5.14　　融券卖空与股价信息含量：股价高估的视角

变量	(1) return	(2) return
turnover×SSR1	-0.6594 ** (-2.48)	
turnover×SSR2		-0.7895 *** (-3.13)

续表

变量	(1) return	(2) return
turnover	0.0137 *** (13.89)	0.0135 *** (13.80)
SSR1	-0.2305 (-0.40)	
SSR2		-0.9740 * (-1.75)
totalassets	0.0000 (0.02)	0.0000 (0.17)
MB	-0.0039 * (-1.70)	-0.0038 * (-1.69)
ROA	0.0007 (0.38)	0.0008 (0.41)
leverage	0.0063 *** (3.75)	0.0063 *** (3.73)
sgr	-1.4475 *** (-17.50)	-1.4350 *** (-17.42)
Constant	0.2187 *** (12.14)	0.2174 *** (12.07)
年份	Yes	Yes
行业	Yes	Yes
R-squared	0.091	0.091

注：***、**、*分别表示1%、5%、10%水平上显著。括号内为t值。

5.6.2　融券卖空与股价信息含量：价值提升效应分析

现有研究表明，股票市场也可以作为管理层决策的重要信息来源（郝项超等，2018），并会通过“学习效应”影响企业的资本配置效率。具体而言，如果股票市场投资者对上市公司的某项投资计划持有私有信息，那么就可以通过股票交易的方式将这一信息传递到股价中。尽管企业管理层在做出投资决策时，可能具备更多的私有信息，但是不可能拥有关于这一决策相关因素的全部信息，因而总是可以从企业的股票价格中获得更多外部私有信息。企业管理层可以充分利用这些信息评估投资计划的可行性以及未来的市场前景，并可以根据股价变动灵活调整投资策略。由此看来，这种来自资本市场的反馈丰富了企业管理层的信息来源，有助于企业管理层更准确地识别投资机会，进而有效提升资本配置效率，提升企业价值。既然卖空机制能够提升股价信息含量，那么卖空机制是否能够借助股价信息含量渠道对公司价值起到显著的提升作用？为此本章将进一步通过实证分析回答上述问题。具体而言，这一部分实证分析将重点考察两个问题：（1）对中国股票市场而言，股价信息含量是否具有当期和远期的价值提升功能？（2）融券卖空是否提升了股价信息含量的价值效应？

对于价值提升功能，这一部分从当期和远期两个时间段进行考察。当期价值提升效应重在考察融券卖空所产生的股价信息含量效应是否能够转化为企业的当期价值。具体地，我们将研究模型设定为如下形式：

$$TobinsQ_{i,t} = \alpha_0 + \alpha_1 SYN_{i,t} \times SSR_{i,t} + \alpha_2 SYN_{i,t} + \alpha_3 SSR_{i,t} + \sum \alpha_k controls_{i,t-1} + \eta_{ind} + \mu_t + \varepsilon_{i,t} \quad (5.10)$$

其中，$TobinsQ_{i,t}$衡量公司价值。$SYN_{i,t}$的系数 α_2 衡量的是股价信息含量的提高对公司价值的作用，如果 α_2 显著大于0，则表明股价信息含量能够提升企业价值；相反，α_2 如果小于0，则表明股价信息含量会抑制公司价值。$SYN_{i,t} \times SSR_{i,t}$的系数 α_1 衡量的是融券卖空如何影响股价信息含量与公司价值之间的关系，如果 α_1 显著大于0，则表明融券卖空促进了股价信息含量的“价值提升效应”；相反，如果 α_1 显著小于0，则表明融券卖空抑制了股价信息含量的“价值提升效应”。

表5.15报告了模型的估计结果。表中第（1）列呈现的是没有交乘项的估计结果，由表中可知，SYN的系数显著为正，表明股价信息含量越高的企业，其公司价值就越大，这一实证结果与陈培如、田存志（2013）的研究一致。表中第（2）、（3）列呈现的是有交乘项的估计结果，由表中可知，SYN × SSR1、SYN × SSR2分别在10%、5%统计水平上显著为正，表明融券卖空强化了股价信息含量的当期“价值效应”。

表 5.15 融券卖空与股价信息含量的当期“价值效应”

变量	(1) TobinsQ	(2) TobinsQ	(3) TobinsQ
SYN × SSR1		32.3365 * (1.65)	
SYN × SSR2			223.4048 ** (2.29)
SYN	0.4082 *** (3.80)	-0.4578 *** (-4.10)	-0.4421 *** (-3.99)
SSR1		-18.9583 (-1.15)	
SSR2			-39.7638 (-0.30)
turnover	-0.0017 (-0.03)	-0.0138 (-0.26)	-0.0071 (-0.13)
return	1.4840 ** (2.15)	1.4878 ** (2.16)	1.4741 ** (2.14)
totalassets	0.0000 (0.49)	0.0000 (0.67)	0.0000 (0.50)
MB	-0.8453 *** (-7.10)	-0.8412 *** (-7.06)	-0.8469 *** (-7.11)
ROA	0.5121 *** (5.54)	0.5289 *** (5.70)	0.5211 *** (5.61)
Constant	4.3851 *** (6.13)	4.4833 *** (6.25)	4.4363 *** (6.18)
年份	Yes	Yes	Yes
行业	Yes	Yes	Yes
R - squared	0.070	0.071	0.070

注：***、**、*分别表示1%、5%、10%水平上显著。括号内为t值。

此外，除了关心股价信息的当期价值提升效应以外，我们也关注股价信息含量的远期价值提升效应，以及融券卖空在两者关系中所发挥的作用。具体地，我们将研究模型设定为如下形式：

$$TobinsQ_{i,t+1}/TobinsQ_{i,t+2}/TobinsQ_{i,t+3} = \alpha_0 + \alpha_1 SYN_{i,t} \times SSR_{i,t} + SYN_{i,t} + SSR_{i,t} + \sum \alpha_k controls_{i,t-1} + \eta_{ind} + \mu_t + \varepsilon_{i,t} \quad (5.11)$$

其中，$TobinsQ_{i,t+1}$、$TobinsQ_{i,t+2}$、$TobinsQ_{i,t+3}$表示远期价值，我们向后测度3年。这一部分以 SYN × SSR1 作为解释变量，回归结果见表5.16，由表中第（1）、（3）、（5）列可知，当因变量公司价值是未来一年至三年时，股价信息含量的系数均显著为正，表明股价信息含量不但能够提高公司的当期价值，还能够提升公司的远期价值。由表中第（2）、（4）、（6）列可知，交乘项系数 SYN × SSR1 均显著为正，表明融券卖空强化了股价信息含量的远期“价值效应”。表5.17是以 SYN × SSR2 作为解释变量的估计结果，与表5.16的估计结果大致相同。

表5.16　融券卖空与股价信息含量的远期“价值效应”(1)

变量	(1) F. TobinsQ	(2) F. TobinsQ	(3) F2. TobinsQ	(4) F2. TobinsQ	(5) F3. TobinsQ	(6) F3. TobinsQ
SYN × SSR1		50.0992 ** (2.28)		208.4791 *** (3.78)		528.3766 ** (2.41)
SYN	0.7467 *** (4.01)	0.8027 *** (4.18)	2.2742 *** (3.36)	2.3374 *** (3.40)	1.3799 ** (2.01)	1.4078 ** (2.04)
SSR1		28.6179 (0.92)		73.1235 (0.80)		97.0790 (0.36)
turnover	-0.1376 * (-1.70)	-0.1491 * (-1.82)	-0.7357 *** (-2.72)	-0.7629 *** (-2.79)	-0.3326 (-1.23)	-0.3409 (-1.25)
return	3.2415 *** (2.89)	3.3420 *** (2.96)	8.3923 ** (2.30)	8.6288 ** (2.35)	1.5001 (0.43)	1.5162 (0.43)
totalassets	0.0000 (0.18)	0.0000 (0.41)	-0.0000 (-0.27)	-0.0000 (-0.14)	-0.0000 (-0.19)	-0.0000 (-0.15)
MB	-0.7516 *** (-4.47)	-0.7475 *** (-4.43)	-1.1825 * (-1.90)	-1.1938 * (-1.92)	-0.9387 (-1.48)	-0.9507 (-1.50)
ROA	0.6233 *** (4.26)	0.6342 *** (4.33)	0.9712 ** (2.06)	0.9755 ** (2.06)	0.6739 (1.39)	0.6751 (1.39)

续表

变量	(1) F. TobinsQ	(2) F. TobinsQ	(3) F2. TobinsQ	(4) F2. TobinsQ	(5) F3. TobinsQ	(6) F3. TobinsQ
Constant	4.9484 *** (10.73)	5.0164 *** (10.77)	8.1907 *** (5.42)	8.3109 *** (5.47)	5.9930 *** (3.93)	6.0362 *** (3.94)
年份	Yes	Yes	Yes	Yes	Yes	Yes
行业	Yes	Yes	Yes	Yes	Yes	Yes
R - squared	0.026	0.026	0.011	0.011	0.006	0.007

注：***、**、*分别表示 1%、5%、10%水平上显著。括号内为 t 值。

表 5.17 融券卖空与股价信息含量的远期“价值效应”(2)

变量	(1) F. TobinsQ	(2) F2. TobinsQ	(3) F3. TobinsQ
SYN × SSR2	37.1620 *** (3.20)	84.6108 ** (2.13)	69.4886 ** (2.43)
SYN	-0.7964 *** (-4.17)	-2.3320 *** (-3.40)	-1.4131 ** (-2.05)
SSR2	-17.0342 (-0.86)	-41.0024 (-0.69)	-46.8540 (-0.37)
turuover	-0.1492 * (-1.82)	-0.7557 *** (-2.78)	-0.3405 (-1.25)
return	3.3296 *** (2.96)	8.5145 ** (2.33)	1.5158 (0.43)
assets	0.0000 (0.32)	-0.0000 (-0.18)	-0.0000 (-0.16)
mb	-0.7518 *** (-4.47)	-1.1917 * (-1.92)	-0.9523 (-1.50)
roa	0.6364 *** (4.34)	0.9810 ** (2.07)	0.6766 (1.39)
Constant	5.0260 *** (10.76)	8.3003 *** (5.45)	6.0401 *** (3.94)
年份	Yes	Yes	Yes
行业	Yes	Yes	Yes
R - squared	0.026	0.011	0.007

注：***、**、*分别表示 1%、5%、10%水平上显著。括号内为 t 值。

5.7 本章小结

本章利用中国上市公司2010～2018年融券标的数据，从股价非同步性与股价高估的双重视角，考察了融券卖空对股价信息含量的因果影响。实证结果表明，融券卖空提高了股价信息含量。在利用固定效应模型、工具变量法、以“转融券”制度作为自然实验以及以融资融券制度作为自然实验等方法有效缓解可能存在的内生性问题后，这一结论依然成立。上述研究结果表明，卖空投资者可以提高资本市场定价效率。

为了进一步加强研究问题的深度，本章还进行了两个方面的拓展：一方面，本章从股价高估这一特殊视角考察卖空机制对股价信息含量的影响，结果发现，卖空机制能够抑制股价高估，提升了资本市场定价效率。这一结论进一步深化了假设H5－1的预测，与假设H5－1的结论共同为卖空机制的股价信息含量提升效应提供了坚实的证据。另一方面，本章考察了这样一个问题，卖空机制是否能够借助股价信息含量渠道对公司价值起到显著的提升作用呢？带着这样的疑问，本章对这一问题做出检验，发现融券卖空强化了股价信息含量的当期和远期的价值效应。这一结论为卖空机制如何影响公司价值提供了一条重要的线索。

本章的研究还具有如下政策启示：第一，本章的研究结论意味着卖空机制是提高资本市场定价效率的重要机制。因此，应该在风险可控的前提下，考虑修正《融资融券交易实施细则》，继续扩大融券标的名单，降低卖空交易门槛，使卖空交易的作用得到更好的发挥。第二，还需要建立标准对照组量化融券标的股票定价效率，更好地发现融券制度的实施效果。第三，尽量提高融券交易便利程度，增加融券供给。我国的融券规模还相对较小，自从2010年开始两融交易以来，融券规模仅占两融规模的1%，这种融资融券交易的不平衡性会在很大程度上限制卖空机制的定价效率提升效应。因此应该适度扩大融券规模，适度增强做空机构的力量，以便更好地监督企业管理层操纵会计信息等行为，进而为股票投资者创造更加透明的信息环境，使股票价格更加精确地反映企业内在价值。

第6章　融券卖空与定价效率：影响渠道检验

6.1　问题的提出

在前面几章，本书从流动性、稳定性以及股价信息含量三个方面考察了融券卖空是否影响资本市场定价效率，发现融券卖空提高了股票流动性，降低了股价波动，并改善了股价信息含量。接下来的疑问是，融券卖空究竟通过何种机制提升了定价效率呢？从本质上来讲，股票市场是信息的市场，信息引导着股价的形成与变化，进而才衍生出流动性、稳定性以及股价信息含量的问题。通过仔细分析股票市场的信息作用机制，我们不难发现这样一条清晰的逻辑链条：首先，企业管理层等内部人作为信息的最初提供者，通过会计信息以及各类预告等发布该企业最原始的信息（李志生等，2017）；其次，作为重要信息中介的分析师，对企业的财务信息进行加工、整理，并同时作为信息的传递者以研究报告等形式向投资者传递加工后的信息；最后，股票市场投资者根据上述信息做出交易决策。由此可以看出，企业信息透明度的改善在卖空机制与定价效率之间发挥着重要的作用。

众多文献检验了卖空机制对定价效率的影响。例如，Boehmer 和 Wu（2013）发现，卖空交易越活跃，股票价格就越精准。李志生等（2015）研究发现，融券制度的推出改善了标的股票的定价效率。然而，很少有文献对卖空机制影响定价效率的渠道做出检验。基于此，本章利用重点从企业信息透明度的视角考察融券卖空影响资本市场定价效率的作用机制。具体而言，本章提出如下问题：融券卖空是否提升了企业信息透明度，并经由企业信息透明度渠道提升了资本市场定价效率呢？

为此，本章利用中介效应模型识别卖空约束放松与企业信息透明度、定价效率之间关系，通过中介效应模型对卖空机制影响定价效率的传导机制做出检验。具体来讲，我们通过如下三步法进行检验：第一步，以定价效率（股票流动性、股价稳定性、股价信息含量）作为因变量进行回归，来验证融券卖空对定价效率的影响；第二步，以中间传导变量（企业信息透明度）作为因变量进行回归，来验证融券卖空对中间传导变量的影响；第三步，在第一步的回归模型中引入企业信息透明度变量，考察融券卖空是否通过上述中间传导变量影响定价效率。实证结果表明，融券卖空改善了企业信息透明度，并经由企业信息透明度渠道提升了定价效率。同时，本章还利用交乘项法对这一机制做出稳健性检验，并得到了相似的结果。

区别于已有文献，本章的贡献主要体现在以下两点：首先，从微观企业角度考察了卖空机制影响资本市场定价效率的渠道，从而进一步厘清了卖空机制与资本市场定价效率之间的因果关系。现有关于卖空机制经济后果的文献多数仅停留在表面的相关关系上。在此基础上，本章研究进一步探究融券卖空影响定价效率的作用机制，为卖空机制如何影响资本市场呈现了一条较为清晰的路径。具体而言，本章的经验研究发现，在中国情景下，存在“卖空活跃度提高→企业信息透明度改善→定价效率提高”的传导机制。这个发现为深入理解中国情景下卖空约束放松对定价效率是如何产生促进效应的影响机制，提供了以往文献很少关注到的经验证据。其次，本章的研究还具有一定的实证贡献。本章同时利用中介效应模型和交乘项法评估融券卖空影响定价效率的作用机制，因而研究结论的可信性更高。

6.2 理论分析与研究假设

中国的制度环境与发达国家相比存在非常大的差异，公司治理机制存在诸多欠缺，例如，我国上市公司大多数都是由国有企业改制而来的，所有者缺位问题历来是久治不愈的顽疾，加之要素市场改革相对滞后，我国经理人市场发育程度不高，激励与监督机制也不够完善，使企业经理人较少面临薪酬压力与职业危机。在此情形下，投资者的权益很难得到有效保护，这相当于降低了管理层自利行为的成本，因而很可能助长管理层隐瞒企业内部信息的行为。事实上，现有研究也确实表明，中国证券市场在过去20年已经日渐走向成熟，但是上市公司操纵盈余，披露信息不及时、不充分等问题依然十分严重（张程睿，2016）。

作为一种外部机制，卖空机制使卖空投资者有动机去挖掘公司的负面信息，进而对企业行为产生约束。现有研究表明，可卖空公司具有更高的信息披露质量（李志生等，2017；郑建明等，2017）、更低的盈余管理程度（顾琪等，2016；贺学会等，2016）、更高的分析师跟踪频率（李春涛等，2017），表明卖空机制可以改善企业的治理环境。

鉴于中国上市公司治理机制缺失可能引发的信息不透明，并同时考虑到卖空约束放松以后公司治理机制的改善，本章预期，卖空约束放松将通过改善公司治理水平来提高企业信息透明度。具体来讲，在卖空约束放松之后，当卖空交易者发现企业管理层隐瞒企业内部信息的行为时，就可以利用这一负面消息卖空该公司的股票，由于卖空交易者是知情交易者，他们的行为很可能引起中小股东追随其步伐，导致股票价格下跌。通常来讲，管理层的职业生涯与股价紧密相关，因此股价下跌很可能造成经理人的职业危机或薪酬减少。考虑到这种不利的“滚雪球”效应，管理层会自觉提高企业信息透明度。同时，卖空机制对企业管理层的约束又与管理层是否持有公司股票紧密相关（郝项超等，2018）。一方面，为制止因股价下跌风险造成的职业危机，未持有公司股票的管理层会主动纠正自身的自利行为，并提升信息透明度；另一方面，除了规避自身的职业危机以外，持有股票的管理层，其薪酬与企业的市场价值关联更加紧密。一旦发生信息隐瞒行为，可能引发的卖空交易会严重影响投资者对公司市场价值的评估，进而导致管理层薪酬减少。因此，在卖空约束放松之后，管理层也可能出于免于薪酬受损的考虑，而做出提升企业信息透明度的决策。

上述的理论分析表明，融券卖空会提升企业信息透明度。而企业信息透明度的提高又会影响资本市场定价效率，其理由是：一方面，企业信息透明度的提高使部分投资者所掌握的坏消息以及悲观情绪能够及时融入股价，避免股价因乐观情绪充斥市场而导致的股价高估，进而使股价更能反映企业的内在价值，提高股价信息含量；另一方面，企业信息透明度的提高还能够使外部投资者以及分析师更好地监督企业内部人，进而降低内幕交易的概率，由此避免股价过度波动，并降低股价崩盘风险。由前面的分析可以推测，融券卖空很可能通过扩大企业信息透明度来对资本市场定价效率产生积极影响。基于此，本章提出如下假设：

假设 H6－1：企业信息透明度渠道是融券卖空影响资本市场定价效率的重要渠道。

6.3 变量说明和实证结果

6.3.1 数据来源

本章利用中介效应模型考察融券卖空是否经由企业信息透明度渠道影响资本市场定价效率。本章中的初始数据样本来源于国泰安数据库。本章对企业数据做了如下处理：（1）删除有数据缺失的企业；（2）删除金融类企业；（3）对连续变量在1%与99%分位数做缩尾处理。

6.3.2 变量定义

中介变量：企业信息透明度（DA1）。关于企业信息透明度指标，现有文献一般利用企业盈余管理或者股价同步性来衡量。经过综合考虑，我们利用企业的盈余管理程度来衡量企业信息透明度，理由如下：第一，企业盈余管理程度与企业信息透明度密切相关。企业盈余管理程度反映了企业的会计信息质量，是外部投资者以及债权人甄别企业状况的最重要信息来源。高质量的会计信息能够降低企业与外部利益相关者之间的信息不对称，即使公司经营状况出现问题，信息也能够及时反映到会计信息中，利益相关者可以据此进行有效调整，从而保障自己的利益。可见，会计信息质量的提高意味着企业信息透明度的提高，从而使外部利益相关者做出决策时有了更可靠的依据。第二，就股价同步性而言，现有研究表明，较低的股价同步性并不必然意味着较低的信息披露质量（Jin et al.，2006；王亚平等，2009；代昀昊等，2012）。鉴于此，本章认为企业盈余管理程度是衡量企业信息透明度较为合理的指标。这一指标的具体公式如下：

$$\frac{TA_{i,t}}{T_{i,t-1}} = \beta_1 \frac{1}{T_{i,t-1}} + \beta_2 \frac{\Delta S_{i,t}}{T_{i,t-1}} + \beta_3 \frac{PPE_{i,t}}{T_{i,t-1}} + \varepsilon_{i,t} \tag{6.1}$$

其中，$TA_{i,t}$为企业应计总利润，$T_{i,t-1}$为上一期总资产，$\Delta S_{i,t}$为营业收入增加额，$PPE_{i,t}$为固定资产投资。回归方程中的$\varepsilon_{i,t}$即为操纵性应计利润，可以衡量该盈余管理水平（DA），我们对其取绝对值，得到|DA|，该值越大，表明盈余管理程度越高。为了保证回归结果的直观性，我们将|DA|乘以（-1）得到DA1，该值越大，意味着盈余管理程度越低，亦即企业信息透明度越高。

被解释变量：关于定价效率（pr）的衡量，本章延续前三章的做法，利用流动性（个股流动性与流动性共性）、稳定性（股价异质性波动与股价崩盘风险）以及股价信息含量来衡量。

解释变量：本章利用年度融券卖出量与个股流通股股本之比（$SSR1_{i,t}$）衡量实际的卖空行为，同时利用融券余量与个股流通股股本之比（$SSR2_{i,t}$）衡量可能的卖空威慑。

6.3.3　基于中介效应模型的渠道检验

本章的假设H6-1认为，企业信息透明度渠道是融券卖空影响企业定价效率的主导渠道，因此，在这一部分，本章借鉴Baron和Kenny（1986）、温忠麟和叶宝娟（2014）、张杰等（2016）的方法，利用中介效应模型对这一渠道做出检验。具体而言，本章将检验融券卖空是否通过企业信息透明度渠道影响定价效率的三个方面——股票流动性（个股流动性、流动性共性）、股价稳定性（股价异质性波动、股价崩盘风险）、股价信息含量。

具体来讲，我们通过如下三步法进行检验：第一步，以定价效率（股票流动性、股价稳定性、股价信息含量）作为因变量进行回归，来验证融券卖空对定价效率的影响；第二步，以中间传导变量（企业信息透明度）作为因变量进行回归，来验证融券卖空对中间传导变量的影响；第三步，在第一步的回归模型中引入企业信息透明度变量，考察融券卖空是否通过上述中间传导变量影响定价效率。

（1）企业信息透明度是否为卖空影响股票流动性（个股流动性、流动性共性）的主要渠道？

表6.1的Panel A第（1）、（3）列是以SSR1作为解释变量，利用中介效应模型检验企业信息透明度渠道是否为融券卖空是否为提升个股流动性的主导渠道。其中，第（1）列的回归结果显示，卖空机制对个股流动性的影响在1%统计水平上显著为正，表明融券卖空对个股流动性具有提升效应。第（2）列的回归结果显示，卖空机制对企业信息透明度的影响在1%统计水平上显著为正，意味着融券卖空显著提升了企业信息透明度。在第（3）列对个股流动性的回归中，加入企业信息透明度（DA1）后，它的系数在1%的水平上显著，此时，SSR1的系数由原来的0.0380变为0.0112，并且显著性由原来的1%水平上显著降为10%统计水平上显著。以上结果充分表明，企业信息透明度渠道在卖空机制与个股流动性之间发挥着重要的中介作用。

表6.1　融券卖空影响股票流动性的渠道检验：中介效应模型

Panel A						
变量	(1) TOVER	(2) DA1	(3) TOVER	(4) Com_lilm	(5) DA1	(6) Com_lilm
DA1			0.0056*** (3.81)			0.0086*** (3.50)
SSR1	0.0380*** (16.69)	0.7872*** (3.56)	0.0112* (1.65)	−0.5377*** (−3.37)	0.7872*** (3.56)	−0.3161** (−2.47)
MB	−0.0003*** (−12.10)	0.0033* (1.83)	−0.0003*** (−11.88)	0.0006 (0.38)	0.0033* (1.83)	0.0007 (0.44)
ROA	−0.0002*** (−7.18)	0.0218*** (8.82)	−0.0002*** (−6.37)	0.0016 (0.94)	0.0218*** (8.82)	0.0021 (1.13)
return	0.0017*** (6.07)	−0.0986*** (−3.92)	0.0017*** (5.72)	−0.0144 (−1.26)	−0.0986*** (−3.92)	−0.0142 (−1.25)
size	0.0005*** (13.09)	−0.0060** (−1.96)	0.0005*** (14.04)	−0.0059*** (−3.22)	−0.0060** (−1.96)	−0.0057*** (−3.00)
leverage	−0.0007*** (−3.09)	0.0262* (1.79)	−0.0007*** (−3.01)	−0.0049 (−0.50)	0.0262* (1.79)	−0.0033 (−0.33)

续表

Panel A						
变量	(1) TOVER	(2) DA1	(3) TOVER	(4) Com_lilm	(5) DA1	(6) Com_lilm
Constant	-0.0084 *** (-11.20)	0.2234 *** (3.54)	-0.0096 *** (-12.27)	0.1841 *** (4.77)	0.2234 *** (3.54)	0.1795 *** (4.51)
年份	Yes	Yes	Yes	Yes	Yes	Yes
行业	Yes	Yes	Yes	Yes	Yes	Yes
R - squared	0.253	0.076	0.269	0.023	0.076	0.022

Panel B						
变量	(1) TOVER	(2) DA1	(3) TOVER	(4) Com_lilm	(5) DA1	(6) Com_lilm
DA1			0.0018 *** (3.39)			0.0106 *** (3.61)
SSR2	0.3008 *** (5.16)	1.6078 *** (4.05)	0.1116 ** (2.12)	-3.2630 *** (-2.76)	1.6078 *** (4.05)	1.1478 * (1.71)
MB	-0.0003 *** (-12.28)	0.0030 (1.60)	-0.0003 *** (-12.10)	0.0007 (0.46)	0.0030 (1.60)	0.0009 (0.56)
ROA	-0.0002 *** (-6.81)	0.0213 *** (8.60)	-0.0002 *** (-6.26)	0.0014 (0.83)	0.0213 *** (8.60)	0.0020 (1.10)
return	0.0018 *** (6.24)	-0.0960 *** (-3.81)	0.0018 *** (5.98)	-0.0152 (-1.32)	-0.0960 *** (-3.81)	-0.0153 (-1.34)
Size	0.0004 *** (10.24)	-0.0085 *** (-2.99)	0.0004 *** (10.77)	-0.0041 ** (-2.31)	-0.0085 *** (-2.99)	-0.0038 ** (-2.10)
leverage	-0.0006 *** (-2.84)	0.0266 * (1.82)	-0.0006 *** (-2.75)	-0.0062 (-0.62)	0.0266 * (1.82)	-0.0044 (-0.43)
Constant	-0.0059 *** (-8.11)	0.2728 *** (4.59)	-0.0067 *** (-8.78)	0.1469 *** (3.89)	0.2728 *** (4.59)	0.1417 *** (3.65)
年份	Yes	Yes	Yes	Yes	Yes	Yes
行业	Yes	Yes	Yes	Yes	Yes	Yes
R - squared	0.243	0.071	0.253	0.020	0.071	0.018

注：***、**、*分别表示1%、5%、10%水平上显著。括号内为t值。

表6.1的Panel A第（4）、（6）列是以SSR1作为解释变量，利用中介效应模型检验企业信息透明度渠道是否为融券卖空是否是抑制流动性共性的主导渠道。其中，第（4）列的回归结果显示，卖空机制对流动性共性

的影响在1%统计水平上显著为负，表明融券卖空对流动性共性具有抑制效应。第（5）列的回归结果显示，卖空机制对企业信息透明度的影响在1%统计水平上显著为正，意味着融券卖空显著提升了企业信息透明度。在第（3）列对流动性共性的回归中，加入企业信息透明度（DA1）后，它的系数在1%的水平上显著，此时，SSR1的系数由原来的－0.5377变为－0.3161，并且显著性由原来的1%水平上显著降为5%统计水平上显著。以上结果充分表明，融券卖空确实通过企业信息透明度渠道抑制了流动性共性。表6.1的Panel B是以SSR2作为解释变量，利用中介效应模型检验企业信息透明度渠道是否为融券卖空是否是影响股票流动性的主导渠道，与Panel A的结果类似，在此不再赘述。

（2）企业信息透明度是否为融券卖空影响股价稳定性（股价异质性波动、股价崩盘风险）的主要渠道?

表6.2的Panel A第（1）、（3）列是以SSR1作为解释变量，利用中介效应模型检验企业信息透明度渠道是否为融券卖空提升股价稳定性的主导渠道。其中，第（1）列的回归结果显示，卖空机制对股价异质性波动的影响在1%统计水平上显著为负，表明融券卖空对股价异质性波动具有抑制效应。第（2）列的回归结果显示，卖空机制对企业信息透明度的影响在1%统计水平上显著为正，意味着融券卖空显著提升了企业信息透明度。在第（3）列对股价异质性波动的回归中，加入企业信息透明度（DA1）后，它的系数在1%的水平上显著，此时，SSR1的系数由原来的－0.0084变为－0.0025，并且显著性由原来的1%水平上显著降为5%统计水平上显著。以上结果充分表明，企业信息透明度渠道在卖空机制与股价异质性波动之间发挥着重要的中介作用。

表6.2　融券卖空影响股价稳定性的渠道检验：中介效应模型

Panel A						
变量	(1) Volatility	(2) DA1	(3) Volatility	(4) NCSKEW	(5) DA1	(6) NCSKEW
DA1			－0.0069*** (－3.23)			－0.0988*** (－3.33)
SSR1	－0.0084*** (－3.11)	0.7637*** (3.76)	－0.0025** (－2.51)	－2.5661*** (－3.38)	0.7637*** (2.76)	－1.3943** (－2.01)

续表

Panel A						
变量	(1) Volatility	(2) DA1	(3) Volatility	(4) NCSKEW	(5) DA1	(6) NCSKEW
liquidity	0.0112*** (40.88)	0.0026*** (2.61)	0.0110*** (39.82)	-0.0816*** (-12.28)	0.0026*** (2.61)	-0.0820*** (-12.25)
return	0.0664*** (18.23)	-0.0585*** (-4.44)	0.0676*** (18.33)	-1.3998*** (-15.88)	-0.0585*** (-4.44)	-1.3982*** (-15.73)
totalassets	0.0000** (1.98)	-0.0000** (-2.58)	0.0000*** (3.29)	-0.0000*** (-5.34)	-0.0000** (-2.58)	-0.0000*** (-5.89)
leverage	0.0226*** (8.83)	0.0220** (2.37)	0.0218*** (8.44)	-0.5933*** (-9.58)	0.0220** (2.37)	-0.5899*** (-9.44)
MB	-0.0068*** (-12.55)	0.0029 (1.46)	-0.0069*** (-12.43)	-0.0402*** (-3.06)	0.0029 (1.46)	-0.0436*** (-3.26)
ROA	-0.0024*** (-5.47)	0.0236*** (14.59)	-0.0026*** (-5.78)	-0.0224** (-2.07)	0.0236*** (14.59)	-0.0268** (-2.42)
Constant	0.0821*** (49.79)	0.1014*** (16.94)	0.0820*** (48.26)	0.2493*** (6.24)	0.1014*** (16.94)	0.2350*** (5.72)
年份	Yes	Yes	Yes	Yes	Yes	Yes
行业	Yes	Yes	Yes	Yes	Yes	Yes
R-squared	0.245	0.031	0.242	0.071	0.031	0.073

Panel B						
变量	(1) Volatility	(2) DA1	(3) Volatility	(4) NCSKEW	(5) DA1	(6) NCSKEW
DA1			0.0068*** (3.22)			0.1009*** (3.36)
SSR2	-1.1840** (-2.47)	2.9200*** (3.13)	-0.4075* (-1.96)	-7.8024*** (-4.45)	2.9200*** (3.13)	-3.3176*** (-3.19)
liquidity	0.0112*** (40.54)	0.0028*** (2.76)	0.0110*** (39.49)	-0.0810*** (-12.15)	0.0028*** (2.76)	-0.0814*** (-12.12)
return	0.0667*** (18.28)	-0.0588*** (-4.46)	0.0678*** (18.39)	-1.4011*** (-15.88)	-0.0588*** (-4.46)	-1.3996*** (-15.73)
totalassets	0.0000** (2.28)	-0.0000*** (-3.17)	0.0000*** (3.59)	-0.0000*** (-5.70)	-0.0000*** (-3.17)	-0.0000*** (-6.25)

续表

Panel B						
变量	(1) Volatility	(2) DA1	(3) Volatility	(4) NCSKEW	(5) DA1	(6) NCSKEW
leverage	0.0228 *** (8.92)	0.0208 ** (2.24)	0.0220 *** (8.51)	-0.5976 *** (-9.66)	0.0208 ** (2.24)	-0.5935 *** (-9.50)
MB	-0.0068 *** (-12.55)	0.0028 (1.39)	-0.0069 *** (-12.44)	-0.0407 *** (-3.10)	0.0028 (1.39)	-0.0439 *** (-3.28)
ROA	-0.0024 *** (-5.30)	0.0234 *** (14.42)	-0.0026 *** (-5.62)	-0.0233 ** (-2.15)	0.0234 *** (14.42)	-0.0277 ** (-2.50)
Constant	0.0826 *** (49.87)	0.1001 *** (16.66)	0.0825 *** (48.37)	0.2444 *** (6.09)	0.1001 *** (16.66)	0.2301 *** (5.58)
年份	Yes	Yes	Yes	Yes	Yes	Yes
行业	Yes	Yes	Yes	Yes	Yes	Yes
R - squared	0.245	0.030	0.242	0.071	0.030	0.073

注：***、**、* 分别表示 1%、5%、10% 水平上显著。括号内为 t 值。

表 6.2 的 Panel A 第（4）、（6）列是以 SSR1 作为解释变量，利用中介效应模型检验企业信息透明度渠道是否为融券卖空是否是抑制股价崩盘风险的主导渠道。其中，第（4）列的回归结果显示，卖空机制对股价崩盘风险的影响显著为负，表明融券卖空对崩盘风险具有抑制效应。第（5）列的回归结果显示，卖空机制对企业信息透明度的影响在 1% 统计水平上显著为正，意味着融券卖空显著提升了企业信息透明度。在第（3）列对股价崩盘风险的回归中，加入企业信息透明度（DA1）后，它的系数在 1% 的水平上显著，此时，SSR1 的系数由原来的 -2.5661 变为 -1.3943，并且显著性由原来的 1% 水平上显著降为 5% 统计水平上显著。以上结果充分表明，融券卖空确实通过企业信息透明度渠道抑制了股价崩盘风险。表 6.2 的 Panel B 是以 SSR2 作为解释变量，利用中介效应模型检验企业信息透明度渠道是否为融券卖空是否是影响股价稳定性的主导渠道，与 Panel A 的结果类似。

（3）企业信息透明度是否为融券卖空影响股价信息含量的主要渠道？

表 6.3 的第（1）、（3）列是以 SSR1 作为解释变量，利用中介效应模型检验企业信息透明度渠道是否为融券卖空提升股价信息含量的主导渠道。其中，第（1）列的回归结果显示，卖空机制对股价信息含量的影响

在1%统计水平上显著为正，表明融券卖空对股价信息含量具有促进效应。第（2）列的回归结果显示，卖空机制对企业信息透明度的影响在1%统计水平上显著为正，意味着融券卖空显著提升了企业信息透明度。在第（3）列对股价信息含量的回归中，加入企业信息透明度（DA1）后，它的系数在1%的水平上显著，此时，SSR1的系数在显著性没变的前提下，系数的绝对值由原来的7.3057变为2.9183。以上结果充分表明，企业信息透明度渠道在卖空机制与股价信息含量之间发挥着重要的中介作用。表6.3的Panel B是以SSR2作为解释变量，利用中介效应模型检验企业信息透明度渠道是否为融券卖空是否是影响股价信息含量的主导渠道，与Panel A的结果类似。

表6.3　融券卖空影响股信息含量的渠道检验：中介效应模型

Panel A			
变量	(1) SYN	(2) DA1	(3) SYN
DA1			0.2712 *** (4.34)
SSR1	7.3057 *** (4.83)	0.7209 *** (2.61)	2.9183 *** (3.43)
liquidity	-0.0874 *** (-13.12)	0.0023 ** (2.32)	-0.0849 *** (-12.69)
return	-1.0317 *** (-12.68)	-0.0565 *** (-4.29)	-1.0342 *** (-12.62)
totalassets	-0.0000 (-0.25)	-0.0000 *** (-2.65)	-0.0000 (-0.11)
MB	0.2041 *** (21.33)	0.0051 *** (2.95)	0.2060 *** (21.13)
ROA	0.0776 *** (8.60)	0.0228 *** (14.42)	0.0840 *** (9.13)
Constant	-0.2010 *** (-6.13)	0.1062 *** (18.80)	-0.1775 *** (-5.26)
年份	Yes	Yes	Yes
行业	Yes	Yes	Yes
R - squared	0.141	0.031	0.142

续表

Panel B			
变量	(1) SYN	(2) DA1	(3) SYN
DA1			0.2777*** (4.44)
SSR2	35.5984** (2.52)	2.6346*** (3.02)	12.3002** (2.27)
liquidity	-0.0886*** (-13.23)	0.0025** (2.48)	-0.0862*** (-12.81)
return	-1.0295*** (-12.63)	-0.0570*** (-4.32)	-1.0317*** (-12.56)
totalassets	0.0000 (0.51)	-0.0000*** (-3.22)	0.0000 (0.69)
MB	0.2061*** (21.54)	0.0049*** (2.82)	0.2079*** (21.33)
ROA	0.0790*** (8.74)	0.0226*** (14.28)	0.0857*** (9.29)
Constant	-0.1883*** (-5.71)	0.1046*** (18.46)	-0.1639*** (-4.83)
年份	Yes	Yes	Yes
行业	Yes	Yes	Yes
R-squared	0.139	0.030	0.140

注：***、** 分别表示 1%、5% 水平上显著。括号内为 t 值。

6.3.4 基于交乘项法的渠道检验

在稳健性检验部分，本章借鉴袁建国等（2015）、任力和朱东波（2017）、尹筑嘉等（2018）的研究方法，利用交乘项模型识别上述机制，以期为“卖空活跃度提高→企业信息透明度改善→定价效率提高这一传导机制”提供更多证据。

（1）企业信息透明度是否为融券卖空影响股票流动性（个股流动性、

流动性共性）的主要渠道？

为了检验卖空是否通过企业信息透明度渠道影响个股流动性，本章设定如下计量模型：

$$TOVER_{i,t} = \alpha_0 + \alpha_1 SSR_{i,t} + \alpha_2 SSR_{i,t} \times DA1 + \alpha_k \sum controls_{i,t-1} + \eta_{in} + \mu_t + \varepsilon_{i,t} \tag{6.2}$$

该模型在第 3 章模型（3.1）的基础上加入了融券卖空与企业信息透明度的交乘项 $SSR_{i,t} \times DA1$。其中，我们主要关注 $SSR_{i,t} \times DA1$ 的系数 α_2，如果 α_2 的系数显著为正，就表明企业信息透明度渠道确实融券卖空影响个股流动性。

由表 6.4 的第（1）、（2）列可知，SSR1 × DA1、SSR2 × DA1 系数分别在 10%、1% 水平下显著为正，说明信息透明度越高的企业，往往越能促进融券卖空对个股流动性的提升效应。

表 6.4　融券卖空影响个股流动性的渠道检验：交乘项法

变量	(1) TOVER	(2) TOVER
SSR1	0.0697 *** (26.93)	
SSR2		0.7254 *** (23.23)
SSR1 × DA1	0.0440 * (1.90)	
SSR2 × DA1		1.9825 *** (4.24)
MB	-0.0006 *** (-28.38)	-0.0006 *** (-29.12)
ROA	-0.0001 *** (-6.43)	-0.0001 *** (-6.73)
return	0.0018 *** (12.46)	0.0019 *** (13.22)
size	0.0004 *** (22.26)	0.0003 *** (20.21)

续表

变量	(1) TOVER	(2) TOVER
leverage	-0.0000 (-0.67)	-0.0000 (-0.64)
Constant	-0.0051 *** (-14.79)	-0.0042 *** (-12.53)
年份	Yes	Yes
行业	Yes	Yes
R - squared	0.165	0.165

注：*** 、* 分别表示 1%、10% 水平上显著。括号内为 t 值。

为了检验融券卖空是否通过企业信息透明度渠道影响流动性共性，本章设定如下计量模型：

$$com\_lilm_{i,t} = \alpha_0 + \alpha_1 SSR_{i,t} + \alpha_2 SSR_{i,t} \times DA1 + \alpha_k \sum controls_{i,t-1} + \eta_{in} + \mu_t + \varepsilon_{i,t} \quad (6.3)$$

该模型在第 3 章模型（3.2）的基础上加入了融券卖空与企业信息透明度的交乘项 $SSR_{i,t} \times DA1$。其中，我们主要关注 $SSR_{i,t} \times DA1$ 的系数 α_2，如果 α_2 的系数显著为负，就表明企业信息透明度渠道确实融券卖空影响流动性共性。

由表 6.5 的第（1）、（2）列可知，SSR1 × DA1、SSR2 × DA1 的交乘项系数分别在 5%、10% 统计水平上显著为负，说明信息透明度越高的企业，往往越能提高卖空交易对流动性共性的抑制效应。

表 6.5　融券卖空影响流动性共性的渠道检验：交乘项法

变量	(1) com_lilm	(2) com_lilm
SSR1	-1.0414 *** (-3.15)	
SSR2		-9.3248 *** (-2.59)
SSR1 × DA1	-6.9428 ** (-2.25)	

续表

变量	(1) com_lilm	(2) com_lilm
SSR2 × DA1		-63.4100 * (-1.70)
MB	0.0014 * (1.79)	0.0014 * (1.69)
ROA	0.0019 *** (2.97)	0.0019 *** (2.92)
return	0.0040 (0.77)	0.0033 (0.63)
size	0.0020 *** (2.77)	0.0022 *** (3.11)
leverage	0.0024 *** (4.12)	0.0024 *** (4.12)
Constant	0.0105 (0.65)	0.0068 (0.44)
年份	Yes	Yes
行业	Yes	Yes
R - squared	0.067	0.068

注：***、**、* 分别表示 1%、5%、10% 水平上显著。括号内为 t 值。

（2）企业信息透明度是否为融券卖空影响股价稳定性（股价异质性波动、股价崩盘风险）的主要渠道？

为了检验融券卖空是否通过企业信息透明度渠道影响股价异质性波动，本章设定如下计量模型：

$$Volatility_{i,t} = \alpha_0 + \alpha_1 SSR_{i,t} + \alpha_2 SSR_{i,t} \times DA1 + \alpha_k \sum controls_{i,t-1} + \eta_{in} + \mu_t + \varepsilon_{i,t} \quad (6.4)$$

该模型在第 4 章模型（4.1）的基础上加入了融券卖空与企业信息透明度的交乘项 $SSR_{i,t} \times DA1$。其中，我们主要关注 $SSR_{i,t} \times DA1$ 的系数 α_2，如果 α_2 的系数显著为负，就表明企业信息透明度渠道确实为融券卖空影响股价异质性波动的主要渠道。

由表 6.6 的第（1）、（2）列可知，SSR1 × DA1、SSR2 × DA1 系数均在 1% 统计水平上显著为负，说明信息透明度越高的企业，往往越能促进卖空交易对股价异质性波动的抑制效应。

表 6.6 融券卖空影响股价异质性波动的渠道检验：交乘项法

变量	(1)	(2)
SSR1	-0.1231 * (-1.73)	
SSR2		-2.4582 *** (-4.00)
SSR1 × DA1	-1.8446 *** (-3.13)	
SSR2 × DA1		-15.9490 *** (-3.01)
liquidity	0.0112 *** (27.31)	0.0111 *** (27.05)
return	0.0609 *** (12.34)	0.0612 *** (12.41)
totalassets	0.0000 ** (2.12)	0.0000 ** (2.19)
leverage	0.0205 *** (7.75)	0.0206 *** (7.80)
MB	-0.0068 *** (-11.82)	-0.0068 *** (-11.63)
ROA	-0.0024 *** (-5.38)	-0.0023 *** (-5.18)
Constant	0.0829 *** (48.22)	0.0835 *** (48.59)
年份	Yes	Yes
行业	Yes	Yes
Observations	1989	1989
R-squared	0.219	0.219

注：***、**、*分别表示1%、5%、10%水平上显著。括号内为t值。

为了检验融券卖空是否通过企业信息透明度渠道影响股价崩盘风险，本章设定如下计量模型：

$$CRASHRISK_{i,t} = \alpha_0 + \alpha_1 SSR_{i,t} + \alpha_2 SSR_{i,t} \times DA1 + \alpha_k \sum controls_{i,t-1} + \eta_{in} + \mu_t + \varepsilon_{i,t} \quad (6.5)$$

该模型在第 4 章模型（4.2）的基础上加入了融券卖空与企业信息透明度的交乘项 $SSR_{i,t} \times DA1$。其中，我们主要关注 $SSR_{i,t} \times DA1$ 的系数 α_2，如果 α_2 的系数显著为负，就表明企业信息透明度渠道确实融券卖空影响股价崩盘风险。

表 6.7 为机制检验的回归结果。由表 6.7 的第（1）、（2）列可知，SSR1 × DA1、SSR2 × DA1 的系数分别在 5%、1%统计水平上显著为负，说明企业信息透明度越高的企业，往往越能促进卖空交易对股价崩盘风险的抑制效应。

表 6.7　融券卖空影响股价崩盘风险的渠道检验：交乘项法

变量	(1)	(2)
SSR1	-2.3654 (-1.23)	
SSR2		-5.9918 (-0.29)
SSR1 × DA1	-7.1724** (-2.37)	
SSR2 × DA1		-4.2571*** (-3.03)
liquidity	-0.0906*** (-15.17)	-0.0900*** (-15.03)
return	-1.2216*** (-15.05)	-1.2250*** (-15.09)
totalassets	-0.0000*** (-6.27)	-0.0000*** (-6.64)
leverage	-0.5854*** (-10.71)	-0.5875*** (-10.75)
MB	-0.0356*** (-2.87)	-0.0361*** (-2.91)

续表

变量	(1)	(2)
ROA	-0.0280 *** (-2.78)	-0.0284 *** (-2.82)
Constant	0.2337 *** (6.23)	0.2302 *** (6.12)
年份	Yes	Yes
行业	Yes	Yes
R-squared	0.067	0.067

注：***、** 分别表示1%、5%水平上显著。括号内为t值。

(3) 企业信息透明度是否为融券卖空影响股价信息含量的主要渠道？

为了检验融券卖空是否通过企业信息透明度渠道影响股价信息含量，本章设定如下计量模型：

$$SYN_{i,t} = \alpha_0 + \alpha_1 SSR_{i,t} + \alpha_2 SSR_{i,t} \times DA1 + \alpha_k \sum controls_{i,t-1} + \eta_{in} + \mu_t + \varepsilon_{i,t} \tag{6.6}$$

该模型在在第5章模型（5.1）基础上加入了融券卖空与企业信息透明度的交乘项 $SSR_{i,t} \times DA1$。其中，我们主要关注 $SSR_{i,t} \times DA1$ 的系数 α_2，如果 α_2 的系数显著为正，就表明企业信息透明度渠道确实融券卖空影响股价信息含量。

表6.8为机制检验的回归结果。由表6.8的第（1）、（2）列可知，SSR1×DA1、SSR2×DA1的系数均显著为正，说明企业信息透明度越高的企业，往往越能促进卖空交易对股价信息含量的提升效应。

表6.8　融券卖空与股价信息含量：机制检验

变量	(3) SYN	(4) SYN
SSR1	2.8907 *** (2.94)	
SSR2		0.7011 *** (3.04)
SSR1 × DA1	14.3612 *** (3.77)	

续表

变量	(3) SYN	(4) SYN
SSR2 × DA1		26.3951 * (1.81)
liquidity	-0.0302 *** (-4.67)	-0.0824 *** (-9.21)
return	0.1404 (1.55)	-0.3716 *** (-3.33)
size	0.0000 (1.20)	0.0000 ** (2.55)
MB	0.2044 *** (12.31)	0.2258 *** (10.09)
ROA	0.0419 *** (3.49)	0.0500 *** (3.35)
Constant	-1.6765 *** (-14.92)	-1.3534 *** (-11.56)
年份	Yes	Yes
行业	Yes	Yes
R - squared	0.193	0.224

注：***、**、*分别表示1%、5%、10%水平上显著。括号内为t值。

6.4 结 论

第3章至第5章主要考察融券卖空对定价效率的因果影响，而本章研究的主要问题是，融券卖空主要通过何种渠道影响定价效率（流动性、稳定性、股价信息含量）？为了回答这一问题，本章重点考察卖空交易影响定价效率的作用渠道——企业信息透明度。一方面，卖空投资者获利的主要方式就是挖掘企业负面信息（Diamond & Verrecchia，1987），这就极大地提高了企业管理层隐藏负面信息的成本，当卖空约束放松导致股价下行压力加大时，为了避免自身财富缩水，管理层就必须及时、准确、合规地披露信息；另一方面，卖空交易者使企业负面信息不断融入股价中，也必然会吸引更多分析师跟踪（张璇等，2016），降低企业与外部投资者之间的信息不对称，增加管理层自利成本，进而提升企业信息披露质量。而信息透明度的提高无疑会提高定价效率。本章同时利用中介效应模型和交乘项模型对该机制做出检验，结果发现，卖空交易确实通过企业信息透明度渠道提高了定价效率。

第7章　融券卖空与定价效率：异质性分析

7.1　问题的提出

前面几章的理论分析与实证结果充分表明，融券卖空提高了资本市场定价效率，且在利用工具变量法、以“转融券”制度和“融资融券”制度作为自然实验等方法缓解内生性问题后，上述结论依然稳健。同时，在对作用机制的考察中发现，企业信息透明度渠道是融券卖空影响定价效率的主导渠道。接下来，本章将检验在不同约束条件之下，融券卖空对资本市场定价效率的影响是否存在明显差别，以期更好地理解卖空交易的作用机制。

具体而言，本章将重点考察在不同外部治理环境（分析师跟踪频率、产品市场竞争程度）、不同内部治理环境（管理层权力、企业成长性、产权性质）以及不同市场状态（牛、熊市）之下，融券卖空对资本市场定价效率的影响是否存在差异。

本章首先从理论上探究了上述约束条件如何影响融券卖空的作用效果，并以2010~2018年的融券标的企业作为研究样本，验证了上述问题。研究结果表明，融券卖空对资本市场定价效率（流动性、稳定性、股价信息含量）的提升效应在内、外部治理环境更差的企业以及在熊市期间表现得更加明显。由于具有上述特征的企业，其信息透明度一般较低，因此这一研究结论再次说明，卖空机制能够通过企业信息透明度渠道来提高资本市场定价效率。

本章的贡献主要体现在以下两个方面：一方面，本章考察了在不同约束条件下，融券卖空对资本市场定价效率（流动性、稳定性、股价信息含量）的影响是否存在差异，由此与前面几章相互补充，形成了关于卖空与定价效率两者关系的完整逻辑链条，从而进一步增强了因果推断的准确性；另一方面，虽然学者关注了融券卖空与资本市场定价效率两者之间的相关关系，然而，基于现有的文献，还是难以明确融券标的对象的筛选准则。依据提高资本市场定价效率的目标，融券标的企业应该是具有什么特征的企业？不同市场状态是否影响卖空的作用效果？本章通过实证分析，解答以上这些问题，从而使卖空政策的实施更有针对性，由此达到利用卖空机制提升资本市场定价效率的目标。

7.2 理论分析与假设检验

在现有关于“卖空机制与定价效率”的文献中，多集中于探讨卖空机制对定价效率的整体影响。而不同约束条件下，卖空交易的作用效果是否存在差异，在文献中涉及较少。以上文献缺憾构成了本章的研究动机。因此，本章结合已有文献，从外部治理环境（分析师跟踪频率、产品市场竞争程度）、内部治理环境（管理层权力、企业成长性、产权性质）、股票市场状态（牛、熊市）等三个维度提出以下几个可验证的理论假说。

7.2.1 企业外部治理环境的影响

（1）基于分析师跟踪频率的分析。

卖空交易“定价效率提升效应”的发挥可能与企业本身的信息环境密切相关。可以设想，如果卖空交易能够通过扩大企业信息透明度来提升资本市场定价效率，那么这一作用效果应该在信息不对称程度较高的企业中表现得更加明显。证券分析师一般为训练有素的经济观察者，可以更全面地从宏观经济环境、行业发展、企业等各个角度提炼出有价值的信息，这些与目标企业相关的信息会源源不断地融入股价中，进而有效地缓解了企业与外部投资者之间的信息不对称。分析师跟踪频率更高的企业，其内部关键信息更容易被外部投资者知晓，从而更加及时地反映到股价当中，由此扩大企业信息透明度。吴东辉、薛祖云（2005）首次考察了财务分析师的盈利预测信息对外部投资者是否具有价值，发现分析师预测准确性高于随机游走模型，因而为投资者提供了较为有价值的信息。李春涛等（2014）发现，分析师跟踪能够对企业形成有效的监督机制，进而降低了盈余管理水平。因此，在分析师跟踪较多的公司，企业的信息环境也就更好。当一个企业被较多的分析师跟踪时，企业的相关重要信息更容易被投资者了解到，有利于缓解投资者与企业之间的信息不对称。可见，较高的分析师跟踪频率会在一定程度上限制了卖空投资者挖掘私有信息的空间，因而会削弱卖空投资者为企业所带来的"定价效率提升效应"；而在分析师跟踪较少的公司中，企业的特质信息很难被投资者了解到，在此情形下，卖空投资者挖掘企业私有信息的空间更大，因而会对定价效率产生更强的提升作用。以上分析表明，如果融券卖空通过企业透明度渠道提升定价效率，那么这一作用效果应该在分析师跟踪频率较低的企业中表现得更加明显。基于以上分析，我们提出如下假设：

假设 H7-1：在其他条件不变的前提下，在分析师跟踪频率较低的企业中，卖空交易对资本市场定价效率的提升作用更加明显。

为了验证假设 H7-1，我们进一步构造融券卖空与分析师跟踪频率的交乘项 SSR1 × ana、SSR2 × ana，加入第3章的模型（3.1）与模型（3.2）中，用来检验在不同分析师跟踪频率之下，卖空对个股流动性与流动性共性的影响是否存在差异。进一步将融券卖空与分析师跟踪频率的交乘项加入第4章的模型（4.1）与模型（4.2）中，用来检验在不同分析师跟踪频率之下，卖空对股价异质性波动与股价崩盘风险的影响是否存在差异。同时，将融券卖空与分析师跟踪频率的交乘项加入第5章的模型（5.1）中，用来检验在不同分析师跟踪频率之下，卖空对股价信息含量的影响是否存在差异。需要特别指出的是，为了便于理解分析师跟踪频率在卖空交易"定价效率提升效应"中发挥的作用，我们将分析师跟踪频率取中位数，并设定虚拟变量 ana，如果分析师跟踪频率低于中位数，则取值为1，否则取值为0。

表7.1第（1）、（2）列检验在不同分析师跟踪频率之下，卖空对个股流动性的影响是否存在差别。由表中可知，SSR1 × ana、SSR2 × ana 的系数

均显著为正，表明分析师跟踪频率越低，融券卖空对个股流动性的提升效应就越强；第（3）、（4）列检验在不同分析师跟踪频率之下，融券卖空对流动性共性的影响是否存在差别。由表中可知，SSR1 × ana、SSR2 × ana 的系数均显著为负，表明分析师跟踪频率越低，融券卖空对流动性共性的抑制效应就越强。

表 7.1　　融券卖空与股票流动性：分析师跟踪频率的调节效应

变量	(1) TOVER	(2) TOVER	(3) com_lilm	(4) com_lilm
SSR1 × ana	10.4986 *** (2.36)		-0.4393 * (-1.73)	
SSR2 × ana		78.9806 * (1.77)		-3.8716 ** (-2.41)
SSR1	32.5017 *** (10.99)		-0.3647 ** (-2.14)	
SSR2		81.0337 *** (9.07)		-2.9357 ** (-2.52)
ana	0.0727 (1.17)	0.0830 (1.34)	-0.0023 (-1.40)	-0.0023 (-1.41)
MB	-0.7007 *** (-22.66)	-0.7332 *** (-23.83)	-0.0003 (-0.39)	-0.0002 (-0.26)
ROA	-0.2036 *** (-7.25)	-0.2128 *** (-7.55)	0.0033 *** (4.58)	0.0033 *** (4.59)
return	1.7691 *** (8.39)	1.7712 *** (8.36)	-0.0020 (-0.37)	-0.0021 (-0.38)
size	0.4761 *** (16.50)	0.4359 *** (15.26)	0.0031 *** (4.18)	0.0032 *** (4.41)
leverage	0.0014 (0.06)	0.0033 (0.14)	0.0024 *** (3.89)	0.0023 *** (3.89)
Constant	-7.4794 *** (-12.60)	-6.6674 *** (-11.32)	-0.0047 (-0.31)	-0.0074 (-0.49)
年份	Yes	Yes	Yes	Yes
行业	Yes	Yes	Yes	Yes
R - squared	0.190	0.182	0.015	0.015

注：*** 、** 、* 分别表示 1%、5%、10% 水平上显著。括号内为 t 值。

表7.2第（1）、（2）列检验在不同分析师跟踪频率之下，融券卖空对股价异质性波动的影响是否存在差别。由表中可知，SSR1 × ana、SSR2 × ana的系数均显著为负，表明分析师跟踪频率越低，融券卖空对股价波动的抑制效应就越强。第（3）、（4）列检验在不同分析师跟踪频率之下，融券卖空对股价崩盘风险的影响是否存在差别。由表中可知，SSR1 × ana、SSR2 × ana的系数均显著为负，表明分析师跟踪频率越低，融券卖空对股价崩盘风险的抑制效应就越强。

表7.2　融券卖空与股价稳定性：分析师跟踪频率的调节效应

变量	(1) Volatility	(2) Volatility	(3) NCSKEW	(4) NCSKEW
SSR1 × ana	-0.2265* (-1.79)		-7.4469*** (-3.10)	
SSR2 × ana		-3.1692* (-1.72)		-13.6322** (-2.26)
SSR1	-0.0376*** (-3.27)		-11.7066*** (-3.52)	
SSR2		-0.4597** (-2.48)		-40.6525* (-1.79)
ana	-0.0032** (-2.50)	-0.0031** (-2.40)	-0.0182 (-0.55)	-0.0077 (-0.24)
liquidity	0.0088*** (29.29)	0.0088*** (29.15)	-0.1009*** (-12.27)	-0.1020*** (-12.39)
return	0.0533*** (12.30)	0.0536*** (12.39)	-2.2837*** (-18.76)	-2.2534*** (-18.56)
totalassets	-0.0000 (-0.57)	-0.0000 (-0.38)	-0.0000 (-0.72)	-0.0000 (-0.05)
leverage	0.0254*** (8.36)	0.0255*** (8.40)	-0.4992*** (-6.40)	-0.5071*** (-6.49)
MB	-0.0074*** (-9.85)	-0.0074*** (-9.87)	0.0095 (0.52)	0.0130 (0.71)
ROA	-0.0005 (-0.89)	-0.0005 (-0.80)	-0.0246 (-1.59)	-0.0239 (-1.54)

续表

变量	(1) Volatility	(2) Volatility	(3) NCSKEW	(4) NCSKEW
Constant	0.0931*** (46.71)	0.0934*** (46.84)	0.0490 (0.95)	0.0598 (1.16)
年份	Yes	Yes	Yes	Yes
行业	Yes	Yes	Yes	Yes
R - squared	0.260	0.261	0.126	0.124

注：***、**、*分别表示1%、5%、10%水平上显著。括号内为t值。

表7.3第（1）、（2）列检验在不同分析师跟踪频率之下，融券卖空对股价信息含量的影响是否存在差别。由表中可知，SSR1 × ana、SSR2 × ana的系数均在1%统计水平上显著为正，表明分析师跟踪频率越低，融券卖空对股价信息含量的提升效应就越强。

表7.3　融券卖空与股价信息含量：分析师跟踪频率的调节效应

变量	(1) SYN	(2) SYN
SSR1 × ana	5.1333*** (3.88)	
SSR2 × ana		10.1089*** (4.22)
SSR1	2.3732*** (2.89)	
SSR2		16.5295* (1.85)
ana	0.0170** (2.43)	0.0242* (1.90)
liquidity	-0.0135** (-2.02)	-0.0142** (-2.12)
return	-0.1832** (-1.99)	-0.1775* (-1.93)
totalassets	-0.0000 (-0.74)	-0.0000 (-0.59)

续表

变量	(1) SYN	(2) SYN
MB	0.1687 *** (11.97)	0.1698 *** (12.07)
ROA	0.0398 *** (3.28)	0.0402 *** (3.31)
Constant	-0.1599 *** (-4.11)	-0.1583 *** (-4.06)
年份	Yes	Yes
行业	Yes	Yes
R-squared	0.049	0.048

注：***、** 分别表示1%、5%水平上显著。括号内为t值。

（2）基于机构投资者持股的分析。

现有研究表明，在机构投资者持股较多的企业中，信息披露质量更高（谭劲松、林雨晨，2016）。这意味着，在这类企业中，卖空交易的作用空间相对较小；相反，机构投资者持股比例较低的企业，信息透明度也相对较低，卖空交易的作用空间会更大。因此，一旦引入卖空机制，那些机构投资者持股比例较低的企业将遭受到更大的卖空威慑，从而定价效率提升效应将会在这类企业中得到更充分的体现，由此我们得到如下假设：

假设 H7-2：在其他条件不变的前提下，卖空交易对定价效率的提升效应在机构投资者持股比例较低的企业中表现得更加明显。

为了验证假设 H7-2，我们进一步构造融券卖空与机构投资者持股的交乘项 SSR1×PIS、SSR2×PIS，加入第3章的模型（3.1）与模型（3.2）中，用来检验在不同机构投资者持股比例之下，卖空对个股流动性与流动性共性的影响是否存在差异。进一步将融券卖空与机构投资者持股比例的交乘项加入第4章的模型（4.1）与模型（4.2）中，用来检验在不同机构投资者持股比例之下，卖空对股价异质性波动与股价崩盘风险的影响是否存在差异。同时，将融券卖空与机构投资者持股比例的交乘项加入第5章的模型（5.1）中，用来检验在不同机构投资者持股比例之下，卖空对股价信息含量的影响是否存在差异。其中，我们将机构投资者持股比例取中位数，并设定如下虚拟变量 PIS：如果机构投资者持股比例低于中位数，则取值为1，否则取值为0。

表7.4第（1）、（2）列检验在不同机构投资者持股比例之下，卖空对个股流动性的影响是否存在差别。由表中可知，SSR1×PIS、SSR2×PIS的系数均显著为正，表明机构投资者持股越少，融券卖空对个股流动性的提升效应就越强。第（3）、（4）列检验在不同机构投资者持股比例之下，融券卖空对流动性共性的影响是否存在差别。由表中可知，SSR1×PIS、SSR2×PIS的系数均显著为负，表明机构投资者持股比例越低，融券卖空对流动性共性的抑制效应就越强。

表7.4　融券卖空与股票流动性：机构投资者持股的调节效应

变量	(1) TOVER	(2) TOVER	(3) com_lilm	(4) com_lilm
SSR1×PIS	28.4636*** (3.18)		-1.4331** (-2.41)	
SSR2×PIS		79.2410*** (7.22)		-0.3750*** (-3.18)
SSR1	71.5050*** (7.81)		-0.1853** (-2.48)	
SSR2		177.8656*** (13.74)		-2.8626** (-2.17)
PIS	-0.3825** (-2.43)	-0.6160*** (-4.78)	-0.0065 (-1.18)	-0.0019 (-0.44)
MB	-0.5939*** (-3.95)	-0.5967*** (-3.14)	-0.0007 (-0.91)	-0.0006 (-0.80)
ROA	-0.1129*** (-6.87)	-0.1104*** (-6.71)	0.0029*** (4.53)	0.0029*** (4.43)
return	1.9055*** (4.49)	1.9978*** (5.23)	-0.0045 (-0.95)	-0.0046 (-0.98)
size	0.3582*** (4.41)	0.3190*** (3.73)	0.0027*** (3.99)	0.0028*** (4.21)
leverage	-0.0357 (-1.58)	-0.0337 (-1.49)	0.0023*** (3.81)	0.0023*** (3.81)

续表

变量	(1) TOVER	(2) TOVER	(3) com_lilm	(4) com_lilm
Constant	-4.7897 *** (-12.66)	-3.9724 *** (-10.75)	0.0019 (0.14)	0.0003 (0.02)
年份	Yes	Yes	Yes	Yes
行业	Yes	Yes	Yes	Yes
R - squared	0.166	0.166	0.012	0.012

注：***、**分别表示1%、5%水平上显著。括号内为t值。

表7.5第（1）、（2）列检验在不同机构投资者持股比例之下，融券卖空对股价异质性波动的影响是否存在差别。由表中可知，SSR1 × PIS、SSR2 × PIS的系数均显著为负，表明机构投资者持股越少，融券卖空对股价波动的抑制效应就越强。第（3）、（4）列检验在不同机构投资者持股比例之下，融券卖空对股价崩盘风险的影响是否存在差别。由表中可知，SSR1 × PIS、SSR2 × PIS的系数均显著为负，表明机构投资者持股比例越低，融券卖空对股价崩盘风险的抑制效应就越强。

表7.5　融券卖空与股价稳定性：机构投资者持股的调节效应

变量	(1) Volatility	(2) Volatility	(3) NCSKEW	(4) NCSKEW
SSR1 × PIS	-0.9666 *** (-4.81)		-28.4886 *** (-5.97)	
SSR2 × PIS		-3.9150 *** (-2.58)		-66.3732 * (-1.84)
SSR1	-0.0031 (-0.03)		-7.8911 *** (-3.69)	
SSR2		-1.4745 (-1.56)		-30.9434 (-1.38)
PIS	0.0227 *** (6.35)	0.0157 *** (5.40)	-0.3952 *** (-4.66)	-0.1328 * (-1.92)
liquidity	0.0091 *** (41.42)	0.0090 *** (41.09)	-0.0901 *** (-15.30)	-0.0900 *** (-15.21)

续表

变量	(1) Volatility	(2) Volatility	(3) NCSKEW	(4) NCSKEW
return	0.0618*** (20.58)	0.0619*** (20.63)	-1.1984*** (-14.87)	-1.2039*** (-14.91)
totalassets	0.0000* (1.81)	0.0000* (1.74)	-0.0000*** (-5.57)	-0.0000*** (-5.73)
leverage	0.0236*** (11.25)	0.0238*** (11.36)	-0.5803*** (-10.77)	-0.5918*** (-10.97)
MB	-0.0072*** (-14.48)	-0.0073*** (-14.71)	-0.0344*** (-2.84)	-0.0324*** (-2.67)
ROA	-0.0020*** (-5.15)	-0.0020*** (-5.07)	-0.0238** (-2.42)	-0.0237** (-2.41)
Constant	0.0870*** (60.95)	0.0874*** (60.95)	0.2522*** (6.93)	0.2490*** (6.80)
年份	Yes	Yes	Yes	Yes
行业	Yes	Yes	Yes	Yes
R-squared	0.239	0.239	0.068	0.065

注：***、**、*分别表示1%、5%、10%水平上显著。括号内为t值。

表7.6第（1）、（2）列检验在不同机构投资者持股比例之下，融券卖空对股价信息含量的影响是否存在差别。由表中可知，SSR1×PIS、SSR2×PIS的系数均显著为正，表明机构投资者持股比例越低，融券卖空对股价信息含量的提升效应就越强。

表7.6　融券卖空与股价信息含量：机构投资者持股的调节效应

变量	(1) SYN	(2) SYN
SSR1×PIS	10.4158** (2.53)	
SSR2×PIS		14.7410* (1.88)
SSR1	4.4657** (2.48)	

续表

变量	(1) SYN	(2) SYN
SSR2		30.0321 (1.58)
PIS	-0.4809*** (-6.44)	-0.3249*** (-5.42)
liquidity	-0.0054 (-1.09)	-0.0061 (-1.21)
return	-0.2063*** (-3.13)	-0.2122*** (-3.21)
totalassets	0.0000*** (3.02)	0.0000*** (3.53)
MB	0.1837*** (20.17)	0.1854*** (20.37)
ROA	0.0693*** (8.80)	0.0698*** (8.84)
Constant	-0.2189*** (-7.73)	-0.2161*** (-7.59)
年份	Yes	Yes
行业	Yes	Yes
R-squared	0.061	0.059

注：***、**、*分别表示1%、5%、10%水平上显著。括号内为t值。

（3）基于产品市场竞争程度的分析。

现有研究表明，产品市场竞争是一种特殊的治理机制（陈怡欣等，2018）。在激烈的市场竞争中，企业面临着很大的经营压力，此时企业高管的薪酬业绩敏感性相对较高，进而会对信息透明度产生积极影响。这主要有两点原因：一方面，市场竞争越激烈，行业内企业的信息披露质量就越高，高管的卸责等行为很容易被外部投资者发现，这必然会使企业管理层与企业股东之间产生利益趋同效应，提高企业管理层的薪酬业绩敏感性，使企业管理层更加准确、合规地披露企业信息；另一方面，产品市场竞争越激烈，企业之间就越容易形成某种标尺竞争（陈胜蓝、马慧，

2017)，这种标尺竞争的存在会使企业股东更加关注企业的资源配置行为，如果企业高管的隐瞒信息情况有损企业价值，那么高管可能遭遇降薪甚至解聘威胁。基于此，我们推测，产品市场竞争缓解了股东与管理层之间的代理问题，提高了企业管理层精准披露企业内部信息的激励，此时卖空机制的发挥作用的空间相对较小；相反，在产品市场竞争程度较低的行业中，信息披露质量较差，卖空交易者的负面信息挖掘空间也就更大。可见，如果卖空机制通过企业信息透明度渠道提高定价效率，那么这一作用效果应该在产品市场竞争较低的行业中表现得更加明显。基于以上分析，本章提出如下假设：

假设 H7 -3：在其他条件不变的前提下，产品市场竞争程度越低，融券卖空对定价效率的提升作用就越大。

为了验证假设 H7 -3，我们进一步构造融券卖空与产品市场竞争程度的交乘项 SSR1 × HHI、SSR2 × HHI，加入第 3 章的模型（3.1）与模型（3.2）中，用来检验在不同产品市场竞争程度之下，卖空对个股流动性与流动性共性的影响是否存在差异。进一步将融券卖空与产品市场竞争程度的交乘项加入第 4 章的模型（4.1）与模型（4.2）中，用来检验在不同产品市场竞争程度之下，卖空对股价异质性波动与股价崩盘风险的影响是否存在差异。进一步将融券卖空与产品市场竞争程度的交乘项加入第 5 章的模型（5.1）中，用来检验在不同产品市场竞争程度之下，卖空对股价信息含量的影响是否存在差异。我们根据衡量垄断程度的赫芬达尔指数的中位数将企业样本分为垄断程度低（也即竞争程度高）与垄断程度高（也即竞争程度低）两组，同时，设定如下虚拟变量 HHI：如果竞争程度低于中位数，则取值为 1，否则取值为 0。

表 7.7 第（1）、（2）列检验在不同产品市场竞争程度之下，卖空对个股流动性的影响。由表中可知，SSR1 × HHI、SSR2 × HHI 的系数均显著为正，表明产品市场竞争程度越低，融券卖空对个股流动性的提升效应就越强。第（3）、（4）列检验在不同产品市场竞争程度之下，融券卖空对流动性共性的影响是否存在差别。由表中可知，SSR1 × HHI、SSR2 × HHI 的系数均在 5% 统计水平下显著为负，表明产品市场竞争程度越低，融券卖空对流动性共性的抑制效应就越强。

表 7.7 融券卖空与股票流动性：产品市场竞争程度的调节效应

变量	(1) TOVER	(2) TOVER	(3) com_lilm	(4) com_lilm
SSR1 × HHI	2. 5881 ** (2. 41)		-0. 1111 ** (-2. 50)	
SSR2 × HHI		30. 7994 *** (4. 81)		-2. 6561 ** (-2. 30)
SSR1	65. 0331 *** (14. 54)		-0. 2132 ** (-2. 33)	
SSR2		63. 1457 *** (12. 87)		-31. 1457 *** (-7. 62)
HHI	-0. 2599 *** (-7. 76)	-0. 2849 *** (-8. 57)	0. 0042 *** (3. 44)	0. 0040 *** (3. 36)
MB	-0. 5893 *** (-31. 85)	-0. 5958 *** (-32. 19)	-0. 0007 (-0. 92)	-0. 0007 (-1. 01)
ROA	-0. 1045 *** (-6. 36)	-0. 1079 *** (-6. 57)	0. 0031 *** (4. 78)	0. 0030 *** (4. 65)
return	1. 8951 *** (14. 50)	2. 0003 *** (15. 32)	-0. 0048 (-1. 03)	-0. 0050 (-1. 08)
size	0. 3554 *** (19. 42)	0. 3106 *** (17. 43)	0. 0026 *** (3. 78)	0. 0026 *** (4. 03)
leverage	-0. 0398 * (-1. 76)	-0. 0365 (-1. 62)	0. 0022 *** (3. 67)	0. 0022 *** (3. 67)
Constant	-4. 8390 *** (-12. 87)	-3. 9425 *** (-10. 73)	0. 0039 (0. 28)	0. 0020 (0. 15)
年份	Yes	Yes	Yes	Yes
行业	Yes	Yes	Yes	Yes
R - squared	0. 170	0. 168	0. 014	0. 015

注：***、**、* 分别表示 1%、5%、10% 水平上显著。括号内为 t 值。

表 7. 8 第（1）、（2）列检验在不同产品市场竞争程度之下，融券卖空对股价异质性波动的影响是否存在差别。由表中可知，SSR1 × HHI、SSR2 × HHI 的系数均在 1% 统计水平上显著为负，表明产品市场竞争程度越低，

融券卖空对股价异质性波动的抑制效应就越强。第（3）、（4）列检验在不同产品市场竞争程度之下，融券卖空对股价崩盘风险的影响是否存在差别。由表中可知，SSR1 × HHI、SSR2 × HHI 的系数均显著为负，表明产品市场竞争程度越低，融券卖空对股价崩盘风险的抑制效应就越强。

表 7.8　融券卖空与股价稳定性：产品市场竞争程度的调节效应

变量	(1) Volatility	(2) Volatility	(3) NCSKEW	(4) NCSKEW
SSR1 × HHI	-0.0123 *** (-3.09)		-0.4100 ** (-2.42)	
SSR2 × HHI		-0.7041 *** (-3.49)		-1.2793 *** (-3.05)
SSR1	-0.0609 *** (-3.59)		-2.9447 *** (-3.18)	
SSR2		-1.9517 ** (-2.32)		-1.2588 (-0.06)
HHI	0.0042 *** (5.45)	0.0041 *** (5.40)	0.0320 (1.63)	0.0358 * (1.84)
Liquidity	0.0090 *** (40.86)	0.0089 *** (40.53)	-0.0911 *** (-15.40)	-0.0906 *** (-15.27)
return	0.0630 *** (21.08)	0.0632 *** (21.14)	-1.2130 *** (-15.13)	-1.2135 *** (-15.13)
totalassets	0.0000 ** (2.06)	0.0000 ** (2.30)	-0.0000 *** (-5.50)	-0.0000 *** (-5.83)
leverage	0.0233 *** (9.07)	0.0233 *** (12.22)	-0.5934 *** (-11.73)	-0.5931 *** (-9.87)
MB	-0.0071 *** (-14.32)	-0.0071 *** (-14.33)	-0.0328 *** (-2.71)	-0.0333 *** (-2.75)
ROA	-0.0018 *** (-4.62)	-0.0017 *** (-4.47)	-0.0233 ** (-2.37)	-0.0240 ** (-2.44)
Constant	0.0862 *** (59.25)	0.0866 *** (59.59)	0.2372 *** (6.39)	0.2303 *** (6.20)
年份	Yes	Yes	Yes	Yes
行业	Yes	Yes	Yes	Yes
R-squared	0.238	0.239	0.065	0.065

注：***、**、* 分别表示 1%、5%、10% 水平上显著。括号内为 t 值。

表7.9第（1）、（2）列检验在不同产品市场竞争程度之下，融券卖空对股价信息含量的影响是否存在差别。由表中可知，SSR1×HHI、SSR2×HHI的系数分别在1%、5%统计水平上显著为正，表明产品市场竞争程度越低，融券卖空对股价信息含量的提升效应就越强。

表7.9　融券卖空与股价信息含量：产品市场竞争程度的调节效应

变量	(1) SYN	(2) SYN
SSR1×HHI	0.4462*** (3.15)	
SSR2×HHI		5.9148* (1.91)
SSR1	1.9770* (1.85)	
SSR2		13.5334 (0.80)
HHI	-0.0591*** (-3.58)	-0.0654*** (-4.00)
liquidity	-0.0039 (-0.77)	-0.0043 (-0.86)
return	-0.2495*** (-3.80)	-0.2504*** (-3.81)
totalassets	0.0000*** (2.79)	0.0000*** (3.05)
MB	0.1809*** (19.86)	0.1809*** (19.88)
ROA	0.0647*** (8.20)	0.0655*** (8.30)
Constant	-0.2108*** (-7.28)	-0.2024*** (-6.99)
年份	Yes	Yes
行业	Yes	Yes
R-squared	0.057	0.057

注：***、*分别表示1%、10%水平上显著。括号内为t值。

7.2.2 企业内部治理环境的影响

（1）基于管理层权力的分析。

现有研究表明，管理层权力的大小会对企业信息透明度产生重要影响（Kwangjoo & Jonghwan, 2018）。在管理层权力较低的企业中，管理层的行为会受到投资者更多制衡，因而管理层会更积极地披露企业信息，以满足投资者的要求，此时企业的信息环境也就相对较好，卖空投资者挖掘企业负面信息的空间非常有限；相反，更高的管理层权力往往意味着更高的代理成本（Liu & Jiraporn, 2010），由此可能导致企业管理层为了达到私人构建企业帝国、卸责等目的而隐瞒企业负面信息，此时卖空投资者挖掘企业负面信息的空间更大，因而会对定价效率产生更强的提升效应。基于以上分析，本章提出如下假设：

假设 H7 -4：在其他条件不变的前提下，卖空机制对定价效率产生更强的提升效应在管理层权力更大的企业中表现得更加明显。

为了验证假设 H7 -4，我们进一步构造融券卖空与管理层权力的交乘项，即 SSR1 × dual、SSR2 × dual，加入第 3 章的模型（3.1）与模型（3.2）中，用来检验在不同管理层权力之下，卖空对个股流动性与流动性共性的影响是否存在差异。进一步将融券卖空与管理层权力的交乘项加入第 4 章的模型（4.1）与模型（4.2）中，用来检验在不同管理层权力之下，融券卖空对股价异质性波动与股价崩盘风险的影响是否存在差异。同时，将融券卖空与管理层权力的交乘项加入第 5 章的模型（5.1）中，用来检验在不同管理层权力之下，融券卖空对股价信息含量的影响是否存在差异。本章借鉴谢佩洪、汪春霞（2017）的研究方法，利用董事长与总经理是否两职合一衡量管理层权力，如果是两职合一则取 1，否则取 0。

表 7.10 第（1）、（2）列检验在不同管理层权力之下，卖空对个股流动性的影响是否存在差别。由表中可知，SSR1 × dual、SSR2 × dual 的系数均显著为正，表明管理层权力越高，融券卖空对个股流动性的提升效应就越强。第（3）、（4）列检验在不同管理层权力之下，融券卖空对流动性共性的影响是否存在差别。由表中可知，SSR1 × dual、SSR2 × dual 的系数均显著为负，表明管理层权力越高，融券卖空对流动性共性的抑制效应就越强。

表 7.10 融券卖空与股票流动性：管理层权力的调节效应

变量	(1) TOVER	(2) TOVER	(3) com_lilm	(4) com_lilm
SSR1 × dual	1.9003 *** (5.81)		-0.7020 ** (-2.08)	
SSR2 × dual		2.1105 ** (2.33)		-0.7276 ** (-2.29)
SSR1	62.3362 *** (24.81)		-0.1825 (-1.46)	
SSR2		53.9605 *** (6.38)		-2.8608 *** (-2.77)
dual	-0.4777 *** (-10.25)	-0.4608 *** (-11.30)	0.0044 *** (2.94)	0.0038 ** (2.52)
MB	-0.5755 *** (-29.36)	-0.5864 *** (-31.48)	-0.0006 (-0.82)	-0.0006 (-0.84)
ROA	-0.1144 *** (-7.40)	-0.1187 *** (-7.20)	0.0029 *** (4.50)	0.0029 *** (4.42)
return	1.8728 *** (12.93)	1.9768 *** (15.09)	-0.0048 (-1.03)	-0.0051 (-1.08)
size	0.3840 *** (23.04)	0.3315 *** (18.38)	0.0023 *** (3.41)	0.0025 *** (3.81)
leverage	-0.0304 (-0.64)	-0.0278 (-1.23)	0.0023 *** (3.82)	0.0023 *** (3.83)
Constant	-5.4640 *** (-15.92)	-4.3945 *** (-11.79)	0.0106 (0.75)	0.0066 (0.48)
年份	Yes	Yes	Yes	Yes
行业	Yes	Yes	Yes	Yes
R - squared	0.175	0.170	0.013	0.013

注：***、** 分别表示 1%、5% 水平上显著。括号内为 t 值。

表 7.11 第（1）、（2）列检验在不同管理层权力之下，融券卖空对股价异质性波动的影响是否存在差别。由表中可知，SSR1 × dual、SSR2 × dual 的系数均显著为负，表明管理层权力越高，融券卖空对股价异质性波动的

抑制效应就越强。第（3）、（4）列检验在不同管理层权力之下，融券卖空对股价崩盘风险的影响是否存在差别。由表中可知，SSR1 × dual、SSR2 × dual 的系数分别在 5%、10% 统计水平上显著为负，表明管理层权力越高，融券卖空对股价崩盘风险的抑制效应就越强。

表 7.11　融券卖空与股价稳定性：管理层权力的调节效应

变量	(1) Volatility	(2) Volatility	(3) NCSKEW	(4) NCSKEW
SSR1 × dual	-0.4604** (-2.19)		-10.9602** (-2.22)	
SSR2 × dual		-2.3702** (-2.25)		-85.0565* (-1.90)
SSR1	-0.0097** (-2.12)		-4.0683** (-2.15)	
SSR2		-1.2842* (-1.69)		-25.7517** (-2.43)
dual	0.0008 (0.88)	0.0006 (0.67)	0.1121*** (4.73)	0.1152*** (4.90)
liquidity	0.0091*** (41.18)	0.0091*** (40.88)	-0.0935*** (-15.80)	-0.0932*** (-15.71)
return	0.0634*** (21.12)	0.0636*** (21.16)	-1.2132*** (-15.15)	-1.2139*** (-15.15)
totalassets	0.0000* (1.74)	0.0000** (2.05)	-0.0000*** (-5.43)	-0.0000*** (-5.77)
leverage	0.0232*** (10.89)	0.0231*** (10.88)	-0.5637*** (-10.36)	-0.5647*** (-10.38)
MB	-0.0071*** (-14.22)	-0.0070*** (-14.19)	-0.0300** (-2.47)	-0.0308** (-2.55)
ROA	-0.0020*** (-5.15)	-0.0019*** (-5.01)	-0.0232** (-2.36)	-0.0236** (-2.40)
Constant	0.0871*** (59.55)	0.0875*** (59.73)	0.2181*** (5.89)	0.2145*** (5.78)
年份	Yes	Yes	Yes	Yes
行业	Yes	Yes	Yes	Yes
R-squared	0.238	0.239	0.069	0.068

注：***、**、* 分别表示 1%、5%、10% 水平上显著。括号内为 t 值。

表7.12第（1）、（2）列检验在不同管理层权力之下，融券卖空对股价信息含量的影响是否存在差别。由表中可知，SSR1 × dual、SSR2 × dual 的系数均显著为正，表明管理层权力越高，融券卖空对股价信息含量的提升效应就越强。

表7.12　　融券卖空与股价信息含量：管理层权力的调节效应

变量	(1) SYN	(2) SYN
SSR1 × dual	3.6968 *** (3.79)	
SSR2 × dual		14.5537 *** (4.38)
SSR1	2.2447 ** (2.31)	
SSR2		2.1237 ** (2.14)
dual	-0.1163 *** (-5.57)	-0.1225 *** (-5.92)
liquidity	-0.0048 (-0.95)	-0.0052 (-1.04)
return	-0.2584 *** (-3.92)	-0.2587 *** (-3.92)
toalassets	0.0000 *** (2.71)	0.0000 *** (3.01)
MB	0.1778 *** (19.41)	0.1785 *** (19.53)
ROA	0.0683 *** (8.62)	0.0687 *** (8.66)
Constant	-0.1987 *** (-6.89)	-0.1940 *** (-6.72)
年份	Yes	Yes
行业	Yes	Yes
R - squared	0.060	0.060

注：***、** 分别表示1%、5%水平上显著。括号内为t值。

（2）基于企业成长性的分析。

现有文献表明，企业成长性在很大程度上决定了企业的信息环境（彭邵兵等，2008；Ali et al.，2018）：一方面，那些成长性更高的企业，面临更强的融资约束（Koo & Maeng，2005），因而更有动机为了获取外部资金而隐瞒或粉饰企业内部信息；另一方面，对于高成长性企业，管理层更有动机隐藏有关未来项目价值的私人信息（Hutchinson & Gul，2004；Lasfer，2002）。因此，对于高成长性企业，其信息透明度通常较差，对于负面信息的披露也并不充分和不及时，由此导致企业内部人与外部投资者之间面临极大的信息不对称。在此情形之下，卖空约束放松以后，卖空投资者通过挖掘企业负面信息的潜在利益非常大，进而使那些高成长性企业更容易受到卖空投资者的关注而遭到潜在的卖空攻击。我们由此推断，卖空约束一旦放松，定价效率的改善将会在高成长企业中表现得更加显著。基于以上分析，我们得到如下假设：

假设 H7－5：在其他条件不变的前提下，卖空机制对定价效率的提升效应在高成长性企业中表现得更加明显。

为了验证假设 H7－5，我们进一步构造卖空与企业成长性的交乘项，即 SSR1×tt、SSR2×tt，加入第 3 章的模型（3.1）与模型（3.2）中，用来检验在不同企业成长性之下，融券卖空对个股流动性与流动性共性的影响是否存在差异。进一步将卖空与企业成长性的交乘项加入第 4 章的模型（4.1）与模型（4.2）中，用来检验在不同企业成长性之下，融券卖空对股价异质性波动与股价崩盘风险的影响是否存在差异。同时，将融券卖空与企业成长性的交乘项加入第 5 章的模型（5.1）中，用来检验在不同企业成长性之下，融券卖空对股价信息含量的影响是否存在差异。需要指出的是，我们利用总资产增长率衡量企业成长性。

表 7.13 第（1）、（2）列检验在不同企业成长性之下，卖空对个股流动性的影响是否存在差别。由表中可知，SSR1×tt、SSR2×tt 的系数分别在 1%、10%统计水平下显著为正，表明企业成长性越高，融券卖空对个股流动性的提升效应就越强。第（3）、（4）列检验在不同企业成长性之下，融券卖空对流动性共性的影响是否存在差别。由表中可知，SSR1×tt、SSR2×tt 的系数均显著为负，表明企业成长性越高，融券卖空对流动性共性的抑制效应就越强。

表 7.13　　融券卖空与股票流动性：企业成长性的调节效应

变量	(1) TOVER	(2) TOVER	(3) com_lilm	(4) com_lilm
SSR1 × tt	1.5021 *** (3.13)		−0.4072 * (−1.76)	
SSR2 × tt		297.1165 * (1.94)		−9.8725 ** (−2.43)
SSR1	69.0243 *** (20.58)		−0.3588 ** (−2.31)	
SSR2		544.3630 *** (10.74)		−5.3561 *** (3.97)
tt	−0.0004 (−0.92)	−0.0005 (−0.24)	−0.0001 (−1.13)	−0.0001 (−1.10)
MB	−0.6701 *** (−22.56)	−0.6868 *** (−24.46)	−0.0006 (−0.85)	−0.0007 (−0.89)
ROA	−0.1861 *** (−7.87)	−0.1955 *** (−7.94)	0.0030 *** (4.50)	0.0029 *** (4.44)
return	1.6846 *** (8.42)	1.7944 *** (10.12)	−0.0054 (−1.14)	−0.0057 (−1.20)
size	0.4419 *** (18.97)	0.3741 *** (15.12)	0.0024 *** (3.50)	0.0025 *** (3.79)
leverage	0.0128 (0.33)	0.0148 (0.56)	0.0019 *** (2.65)	0.0019 *** (2.65)
Constant	−6.8099 *** (−14.27)	−5.4463 *** (−10.72)	0.0089 (0.64)	0.0066 (0.49)
年份	Yes	Yes	Yes	Yes
行业	Yes	Yes	Yes	Yes
R − squared	0.177	0.169	0.010	0.012

注：***、**、* 分别表示 1%、5%、10% 水平上显著。括号内为 t 值。

表 7.14 第（1）、（2）列检验在不同企业成长性之下，融券卖空对股价异质性波动的影响是否存在差别。由表中可知，SSR1 × tt、SSR2 × tt 的系数均显著为负，表明企业成长性越高，融券卖空对股价异质性波动的抑

制效应就越强。第（3）、（4）列检验在不同企业成长性之下，融券卖空对股价崩盘风险的影响是否存在差别。由表中可知，SSR1 × tt、SSR2 × tt 的系数均显著为负，表明企业成长性越高，融券卖空对股价崩盘风险的抑制效应就越强。

表 7.14　　融券卖空与股价稳定性：企业成长性的调节效应

变量	(1) Volatility	(2) Volatility	(3) NCSKEW	(4) NCSKEW
SSR1 × tt	−0.2812 *** (−3.55)		−38.9223 *** (−3.20)	
SSR2 × tt		−1.5730 *** (−3.45)		−225.6734 *** (−2.73)
SSR1	−0.1447 (−1.09)		−2.8684 (−0.91)	
SSR2		−1.9689 * (−1.67)		−36.1073 ** (−2.29)
tt	−0.0002 *** (−4.21)	−0.0002 *** (−4.21)	−0.0003 (−0.25)	−0.0003 (−0.28)
lquidity	0.0095 *** (31.25)	0.0095 *** (31.11)	−0.0996 *** (−12.06)	−0.1004 *** (−12.13)
return	0.0593 *** (14.50)	0.0593 *** (14.52)	−1.2296 *** (−11.28)	−1.2144 *** (−11.14)
totalassets	0.0000 *** (5.27)	0.0000 *** (5.35)	−0.0000 *** (−5.22)	−0.0000 *** (−4.99)
leverage	0.0228 *** (7.48)	0.0228 *** (7.51)	−0.6352 *** (−8.13)	−0.6266 *** (−8.02)
MB	−0.0077 *** (−10.06)	−0.0077 *** (−10.12)	−0.0581 *** (−3.12)	−0.0573 *** (−3.07)
ROA	−0.0016 *** (−2.64)	−0.0015 ** (−2.54)	−0.0538 *** (−3.56)	−0.0510 *** (−3.38)
Constant	0.0871 *** (45.59)	0.0874 *** (45.69)	0.2262 *** (4.62)	0.2354 *** (4.79)
年份	Yes	Yes	Yes	Yes
行业	Yes	Yes	Yes	Yes
R − squared	0.243	0.244	0.077	0.076

注：***、**、* 分别表示 1%、5%、10% 水平上显著。括号内为 t 值。

表7.15第（1）、（2）列检验在不同企业成长性之下，融券卖空对股价信息含量的影响是否存在差别。由表中可知，SSR1 × tt、SSR2 × tt 的系数均显著为正，表明企业成长性越高，融券卖空对个股流动性的提升效应就越强。

表7.15 融券卖空与股价信息含量：企业成长性的调节效应

变量	(1) SYN	(2) SYN
SSR1 × tt	40.6435 *** (3.94)	
SSR2 × tt		181.5773 *** (2.78)
SSR1	5.9054 ** (2.22)	
SSR2		31.4892 *** (4.32)
tt	−0.0052 *** (−5.22)	−0.0052 *** (−5.21)
liquidity	0.0038 (0.56)	0.0038 (0.56)
return	−0.2989 *** (−3.38)	−0.3084 *** (−3.49)
totalassets	0.0000 * (1.89)	0.0000 * (1.90)
MB	0.2091 *** (14.81)	0.2078 *** (14.72)
ROA	0.0706 *** (5.95)	0.0687 *** (5.79)
Constant	−0.2492 *** (−6.60)	−0.2543 *** (−6.72)
年份	Yes	Yes
行业	Yes	Yes
R−squared	0.064	0.062

注：***、**、* 分别表示1%、5%、10%水平上显著。括号内为t值。

(3) 基于企业产权性质的分析。

卖空交易与企业信息透明度的关系也可能受到企业产权性质的影响。在我国特殊的经济制度背景之下，国有企业与非国有企业之间面临不同的资源禀赋约束和不同的政策约束。一般而言，与国有企业相比，民营企业的规模相对较小、发展时间较短，面临更强的资源约束和政策约束（王砾等，2018；潘凌云、董竹，2019），因而民营企业更有动机为获得经济资源而进行盈余管理，因此信息透明度相对较低；相反，国有企业具有更大的资源优势，也获得了更多的政策扶持（贺京同、何蕾，2016），因此国有企业为获取经济资源而进行盈余管理的动机相对较小。可以预期，在民营企业中，卖空交易者的负面信息挖掘空间更大，因而会对企定价效率会产生更强的抑制效应。基于以上分析，本章提出如下假设：

假设 H7 -6：在其他条件不变的前提下，卖空机制对定价效率的提升效应在非国有企业中表现更加明显。

为了验证假设 H7 -6，我们进一步构造融券卖空与企业产权性质的交乘项，即 SSR1 × contrdum、SSR2 × contrdum，加入第 3 章的模型（3.1）与模型（3.2）中，用来检验在不同企业产权性质之下，卖空对个股流动性与流动性共性的影响是否存在差异。进一步将卖空与企业产权性质的交乘项加入第 4 章的模型（4.1）与模型（4.2）中，用来检验在不同企业产权性质之下，融券卖空对股价异质性波动与股价崩盘风险的影响是否存在差异。进一步将融券卖空与企业产权性质的交乘项加入第 5 章的模型（5.1）中，用来检验在不同企业产权性质之下，融券卖空对股价信息含量的影响是否存在差异。其中，contrdum 为产权虚拟变量，如果融企业为非国有企业，则取值为 1；如果企业为国有企业，则取值为 0。

表 7.16 第（1）、（2）列检验在不同产权性质之下，卖空对个股流动性的影响是否存在差别。由表中可知，SSR1 × contrdum、SSR2 × contrdum 的系数均显著为正，表明在非国有企业中，融券卖空对个股流动性的提升效应就越强。第（3）、（4）列检验在不同产权性质之下，融券卖空对流动性共性的影响是否存在差别。由表中可知，SSR1 × contrdum、SSR2 × contrdum 的系数均显著为负，表明在非国有企业中，卖空对流动性共性的抑制效应更强。

表 7.16　融券卖空与股票流动性：企业产权性质的调节效应

变量	(1) TOVER	(2) TOVER	(3) com_lilm	(4) com_lilm
SSR1 × contrdum	49.5369 *** (7.60)		−0.1126 ** (−2.41)	
SSR2 × contrdum		422.4701 *** (6.33)		−2.3118 ** (−2.34)
SSR1	101.6112 *** (16.33)		−0.1422 *** (−3.58)	
SSR2		848.6845 *** (14.69)		−0.8393 ** (−2.43)
contrdum	−0.6465 *** (−19.21)	−0.6386 *** (−18.24)	0.0068 *** (5.34)	0.0066 *** (5.25)
MB	−0.5401 *** (−28.75)	−0.5498 *** (−29.63)	−0.0013 * (−1.80)	−0.0013 * (−1.81)
ROA	−0.1207 *** (−8.02)	−0.1244 *** (−7.68)	0.0031 *** (4.80)	0.0030 *** (4.71)
return	1.9039 *** (13.26)	2.0001 *** (15.50)	−0.0039 (−0.83)	−0.0042 (−0.90)
size	0.4265 *** (26.06)	0.3765 *** (20.87)	0.0018 *** (2.69)	0.0020 *** (3.00)
leverage	−0.0216 (−0.49)	−0.0193 (−0.87)	0.0023 *** (3.78)	0.0023 *** (3.78)
Constant	−6.0106 *** (−18.05)	−4.9984 *** (−13.55)	0.0179 (1.27)	0.0147 (1.08)
年份	Yes	Yes	Yes	Yes
行业	Yes	Yes	Yes	Yes
R − squared	0.191	0.187	0.017	0.018

注：***、**、* 分别表示 1%、5%、10% 水平上显著。括号内为 t 值。

表 7.17 第（1）、（2）列检验在不同产权性质之下，融券卖空对股价异质性波动的影响是否存在差别。由表中可知，SSR1 × contrdum、SSR2 × contrdum 的系数均显著为负，表明在非国有企业中，融券卖空对股价异质

性波动的抑制效应就越强。第（3）、（4）列检验在不同产权性质之下，融券卖空对股价崩盘风险的影响是否存在差别。由表中可知，SSR1 × contrdum、SSR2 × contrdum 的系数显著为负，表明在非国有企业中，融券卖空对股价崩盘风险的抑制效应更强。

表 7.17　融券卖空与股价稳定性：企业产权性质的调节效应

变量	(1) Volatility	(2) Volatility	(3) NCSKEW	(4) NCSKEW
SSR1 × contrdum	-0.0845** (-2.48)		-0.5334* (-1.83)	
SSR2 × contrdum		-0.2756*** (-3.17)		-52.9091*** (-3.42)
SSR1	-0.1237* (-1.80)		-1.1864 (-0.33)	
SSR2		-1.9769 (-1.44)		-37.4327 (-1.16)
contrdum	-0.0001* (-1.72)	-0.0002* (1.85)	-0.2441*** (-11.59)	-0.2507*** (-12.04)
liquidity	0.0091*** (40.83)	0.0090*** (40.52)	-0.1002*** (-16.86)	-0.1002*** (-16.83)
return	0.0629*** (20.87)	0.0631*** (20.92)	-1.2437*** (-15.54)	-1.2454*** (-15.56)
totalassets	0.0000* (1.80)	0.0000** (2.06)	-0.0000*** (-5.11)	-0.0000*** (-5.38)
leverage	0.0239*** (11.05)	0.0238*** (11.05)	-0.4727*** (-8.61)	-0.4680*** (-8.53)
MB	-0.0071*** (-14.27)	-0.0071*** (-14.25)	-0.0215* (-1.78)	-0.0224* (-1.85)
ROA	-0.0019*** (-4.86)	-0.0018*** (-4.72)	-0.0270*** (-2.76)	-0.0271*** (-2.77)
Constant	0.0875*** (60.39)	0.0879*** (60.52)	0.3007*** (8.20)	0.3014*** (8.20)
年份	Yes	Yes	Yes	Yes
行业	Yes	Yes	Yes	Yes
R - squared	0.236	0.236	0.079	0.079

注：***、**、*分别表示1%、5%、10%水平上显著。括号内为t值。

表7.18第（1）、（2）列检验在不同产权性质之下，融券卖空对股价信息含量的影响是否存在差别。由表中可知，SSR1 × contrdum、SSR2 × contrdum的系数均显著为正，表明在非国有企业中，融券卖空对股价信息含量的提升效应更强。

表7.18　　融券卖空与股价信息含量：企业产权性质的调节效应

变量	(1) pe	(2) pe
SSR1 × contrdum	10.0914 *** (2.90)	
SSR2 × contrdum		110.0092 *** (3.49)
SSR1	7.2142 ** (2.34)	
SSR2		87.7748 *** (3.20)
contrdum	-0.2230 *** (-13.28)	-0.2235 *** (-13.43)
liquidity	0.0002 (0.05)	-0.0004 (-0.08)
return	-0.3051 *** (-4.66)	-0.3044 *** (-4.65)
totalassets	0.0000 ** (2.04)	0.0000 ** (2.23)
MB	0.1628 *** (17.82)	0.1629 *** (17.86)
ROA	0.0747 *** (9.53)	0.0752 *** (9.58)
Constant	-0.3080 *** (-10.61)	-0.3037 *** (-10.44)
年份	Yes	Yes
行业	Yes	Yes
R - squared	0.077	0.077

注：*** 、** 分别表示1%、5%水平上显著。括号内为t值。

7.2.3 市场状态的影响

在不同市场状态下，企业信息透明度差异明显，因而卖空交易对定价效率的提升效应也会有很大不同。具体而言，在牛市期间，乐观情绪会主导市场，投资者很可能会忽略对企业负面信息的识别，因而此时卖空投资者在挖掘企业负面信息的空间也就更大，也更加有利可图。由此我们认为，在牛市期间，卖空投资者的负面信息挖掘能力会得到更充分的发挥，因而卖空交易对定价效率的提升效应也将会更加明显。相反，在熊市期间，悲观情绪弥漫股市，投资者会对负面信息更加敏感，企业管理层隐藏负面信息的难度明显加大，因而卖空投资者挖掘企业负面信息的空间显著缩小，此时卖空交易对定价效率的提升作用也相对较小。基于以上分析，本章提出如下假设：

假设 H7 -7：在其他条件不变的前提下，与熊市期间相比，在牛市期间卖空交易对定价效率的提升效应表现得更加明显。

为了验证假设 H7 -7，我们进一步构造融券卖空与市场状态的交乘项，即 SSR1 × market、SSR1 × market，加入第 3 章的模型（3.1）与模型（3.2）中，用来检验在不同市场状态之下，卖空对个股流动性与流动性共性的影响是否存在差异。进一步将融券卖空与市场状态的交乘项加入第 4 章的模型（4.1）与模型（4.2）中，用来检验在不同市场状态之下，融券卖空对股价异质性波动与股价崩盘风险的影响是否存在差异。进一步将融券卖空与市场状态的交乘项加入第 5 章的模型（5.1）中，用来检验在不同市场状态之下，融券卖空对股价信息含量的影响是否存在差异。本章借鉴 Lindahl - Stevens（1980）对牛熊市的划分，将市场平均收益率超过无风险收益率的时期定义为牛市（取值为 1），否则为熊市（取值为 0）。

表 7.19 第（1）、（2）列检验在不同市场状态之下，融券卖空对个股流动性的影响是否存在差别。由表中可知，SSR1 × market、SSR1 × market 的系数均在 1% 统计水平下显著为正，表明在牛市中，融券卖空对个股流动性的提升效应就较强。第（3）、（4）列检验在不同市场状态之下，融券卖空对流动性共性的影响是否存在差别。由表中可知，SSR1 × market、SSR1 × market 的系数均显著为负，表明在牛市中，融券卖空对流动性共性

的抑制效应更强。

表7.19 融券卖空与股票流动性：市场状态的调节效应

变量	(1) TOVER	(2) TOVER	(3) com_lilm	(4) com_lilm
SSR1 × market	44.0097*** (8.05)		-0.3779*** (-3.29)	
SSR2 × market		285.9766*** (3.42)		-3.9930** (-2.24)
SSR1	73.3820*** (26.55)		-0.3053** (-2.38)	
SSR2		583.4864*** (17.86)		-3.1172*** (-3.14)
market	-0.6949*** (-11.71)	-0.6633*** (-9.75)	0.0090*** (3.58)	0.0089*** (3.58)
MB	-0.5767*** (-29.16)	-0.5837*** (-31.26)	-0.0009 (-1.27)	-0.0010 (-1.28)
ROA	-0.1084*** (-7.07)	-0.1101*** (-6.71)	0.0028*** (4.33)	0.0027*** (4.22)
return	1.9061*** (13.21)	2.0106*** (15.40)	-0.0044 (-0.94)	-0.0046 (-0.99)
size	0.3637*** (22.21)	0.3127*** (17.56)	0.0025*** (3.68)	0.0026*** (4.05)
leverage	-0.0237 (-0.44)	-0.0214 (-0.95)	0.0022*** (3.59)	0.0022*** (3.59)
Constant	-4.8696*** (-14.51)	-3.8321*** (-10.47)	0.0060 (0.44)	0.0026 (0.20)
年份	Yes	Yes	Yes	Yes
行业	Yes	Yes	Yes	Yes
R-squared	0.174	0.169	0.014	0.014

注：***、**分别表示1%、5%水平上显著。括号内为t值。

表7.20第（1）、（2）列检验在不同市场状态之下，融券卖空对股价异质性波动的影响是否存在差别。由表中可知，SSR1 × market、SSR2 × market的系数均显著为负，表明在牛市中，融券卖空对股价异质性波动的抑制效应更强。第（3）、（4）列检验在不同市场状态之下，融券卖空对股

价崩盘风险的影响是否存在差别。由表中可知，SSR1 × market、SSR2 × market 系数均显著为负，表明在牛市中，融券卖空对股价崩盘风险的抑制效应更强。

表 7.20　　融券卖空与股价稳定性：市场状态的调节效应

变量	(1) Volatility	(2) Volatility	(3) NCSKEW	(4) NCSKEW
SSR1 × market	-0.0014*** (-3.01)		-11.5567*** (-2.72)	
SSR2 × market		-1.5476* (-1.81)		-148.3415*** (-3.25)
SSR1	-0.0540 (-0.65)		-4.4477** (-2.24)	
SSR2		-1.5286** (-2.02)		-27.7945 (-1.55)
market	-0.0014 (-0.88)	-0.0019 (-1.22)	-0.3570*** (-8.70)	-0.3630*** (-8.97)
liquidity	0.0091*** (41.21)	0.0090*** (40.92)	-0.0951*** (-16.13)	-0.0946*** (-16.00)
return	0.0630*** (21.04)	0.0632*** (21.11)	-1.2043*** (-15.09)	-1.2091*** (-15.14)
totalassets	0.0000 (1.59)	0.0000* (1.93)	-0.0000*** (-4.12)	-0.0000*** (-4.41)
leverage	0.0234*** (11.12)	0.0234*** (11.12)	-0.5630*** (-10.46)	-0.5637*** (-10.48)
MB	-0.0071*** (-14.37)	-0.0071*** (-14.34)	-0.0301** (-2.49)	-0.0311*** (-2.58)
ROA	-0.0019*** (-5.03)	-0.0019*** (-4.88)	-0.0227** (-2.32)	-0.0230** (-2.35)
Constant	0.0874*** (61.01)	0.0877*** (61.14)	0.2695*** (7.41)	0.2659*** (7.29)
年份	Yes	Yes	Yes	Yes
行业	Yes	Yes	Yes	Yes
R - squared	0.236	0.237	0.072	0.072

注：***、**、* 分别表示 1%、5%、10% 水平上显著。括号内为 t 值。

表 7.21 第（1）、（2）列检验在不同市场状态之下，融券卖空对股价

信息含量的影响是否存在差别。由表中可知，SSR1 × market、SSR2 × market 的系数均显著为正，表明在牛市之下，融券卖空对股价信息含量的提升效应更强。

表 7.21　　融券卖空与股价信息含量：市场状态的调节效应

变量	(1) SYN	(2) SYN
SSR1 × market	0.6680 *** (3.19)	
SSR2 × market		10.0788 *** (4.26)
SSR1	2.0026 ** (2.19)	
SSR2		2.8419 ** (2.39)
top	-0.0177 * (-1.75)	-0.0163 ** (-2.42)
liquidity	-0.0056 (-1.11)	-0.0063 (-1.25)
return	-0.2497 *** (-3.79)	-0.2484 *** (-3.77)
totalassets	0.0000 *** (2.91)	0.0000 *** (3.17)
MB	0.1810 *** (19.83)	0.1817 *** (19.94)
ROA	0.0670 *** (8.49)	0.0676 *** (8.56)
Constant	-0.2266 *** (-7.94)	-0.2216 *** (-7.74)
年份	Yes	Yes
行业	Yes	Yes
R - squared	0.056	0.056

注：***、**、* 分别表示 1%、5%、10% 水平上显著。括号内为 t 值。

7.3 本章小结

本章重点考察在不同外部治理环境、不同内部治理环境以及不同市场状态之下，融券卖空对资本市场定价效率的影响是否存在差异。

本章首先从理论上探究了上述约束条件如何影响融券卖空的作用效果，并以2010～2018年的融券标的企业作为研究样本，验证了上述问题。研究结果表明，融券卖空对资本市场定价效率（流动性、稳定性、股价信息含量）的提升效应在内、外部治理环境更差的企业以及在熊市期间表现得更加明显。由于具有上述特征的企业，其信息透明度一般较低，因此这一研究结论再次说明，卖空机制能够通过企业信息透明度渠道来提高资本市场定价效率。

本章的研究对提升资本市场定价效率具有重要的现实意义。同时，本章的研究表明，融券卖空对于资本市场定价效率的提升在不同特征企业间存在显著差异。这意味着，政府应该制订差异化的卖空政策，全面激发不同类型企业的个股定价效率，使卖空政策的实施更有针对性。

第8章　结论、政策建议与研究展望

8.1　研究结论

中国股票市场于2010年3月31日正式引入融资融券制度，一部分上市公司被允许卖空，意味着投资者只能“买涨”不能“买跌”的单边市状态正式结束。同时，在融资融券发展过程中，存在融券规模太小以及进入门槛过高等问题，因此，在融资融券业务推行以后，融资规模远远超过融券规模。在这一背景之下，本书考察了融券卖空对定价效率的因果影响、作用机制以及异质性问题。一方面，本书的研究提供了直接证据，为我国监管机构继续完善继续扩大融券标的名单、降低卖空交易成本，由此进一步推动金融市场改革提供了重要的经验证据；另一方面，鉴于卖空约束放松的作用效果在不同企业之间存在异质性，因此，政府应该制定差异化的卖空政策，全面激发不同类型企业定价效率的提升，使卖空政策的实施更有针对性，由此达到卖空机制的定价效率提升目标。

围绕融券卖空与资本市场定价效率问题，本书得出如下结论：

（1）融券卖空与股票流动性的影响。本书基于卖空机制与股票流动性相关理论，从个股流动性和流动性共性两个方面，考察卖空机制对股票流动性的因果影响。实证分析以2010～2018年A股融资融券标的企业数据为初始研究样本，并沿着“卖空与股票流动性”的分析框架，利用固定效应模型、工具变量、以“转融券”制度作为自然实验检验上述因果关系，实证结果表明，卖空机制提升了个股流动性，同时降低了流动性共性。

(2) 融券卖空对股价稳定性的影响。本书将股价稳定性分为股价异质性波动与股价崩盘风险两个方面，并借助相关理论与实证模型考察融券卖空对股价稳定性的影响。研究发现，卖空交易抑制了股价波动与崩盘风险，在缓解内生性问题后，该结论依然稳健。为了进一步加强研究问题的深度，本书还进行了两个方面的拓展：一方面，本书在 GMM 模型中的分析框架里进一步考察卖空机制对股价异质性波动/股价崩盘风险的影响，结论与基础分析保持一致，这一研究结论进一步加强了融券卖空与股价稳定性的因果关系；另一方面，本书从投资者情绪这一独特角度考察卖空机制对股价稳定性的影响，结果发现，卖空机制能够抑制投资者情绪，因而有利于稳定股票市场，提升了资本市场定价效率。这一结论进一步深化了基础理论的预测，与基础结论共同为卖空机制的股价稳定效应提供了坚实的证据。

(3) 融券卖空对股价信息含量的影响。从股价非同步性与股价高估的双重视角，考察了卖空交易对股价信息含量的因果影响。实证结果表明，卖空机制提高了股价非同步性，也降低了股价高估，上述结论意味着卖空机制能够提升股价信息含量，进而提高定价效率。同时，为了进一步加强研究问题的深度，本书还考察了这样一个问题，卖空机制是否能够借助股价信息含量渠道对公司价值起到显著的提升作用呢？带着这样的疑问，本书对这一问题做出检验，发现融券卖空强化了股价信息含量的当期和远期的价值效应。

(4) 融券卖空与定价效率：机制检验。本书第 3 章至第 5 章主要考察融券卖空对定价效率的因果影响，而第 6 章研究的主要问题是，融券卖空主要通过何种渠道影响定价效率（流动性、稳定性、股价信息含量）？为了回答这一问题，本书重点考察卖空交易影响定价效率的作用渠道——企业信息透明度。一方面，卖空投资者获利的主要方式就是挖掘企业负面信息（Diamond & Verrecchia，1987），这就极大地提高了企业管理层隐藏负面信息的成本。当卖空约束放松导致股价下行压力加大时，为了避免自身财富缩水，管理层就必须准确、合规地披露信息；另一方面，卖空交易者使企业负面信息不断融入股价中，也必然会吸引更多分析师跟踪（张璇等，2016），降低企业与外部投资者之间的信息不对称，增加管理层自利成本，进而提升信息披露质量。总之，融券交易提高了信息透明度，而信息透明度的提高无疑会提高定价效率。本书利用中介效应模型对该机制做出检验，结果发现，卖空交易确实通过企业信息透明度渠道提高了资本市场定价效率。

（5）融券卖空与定价效率：异质性分析。本书重点考察在不同外部治理环境（分析师跟踪频率、产品市场竞争程度）、不同内部治理环境（管理层权力、企业成长性、产权性质）以及不同市场状态（牛、熊市）之下，融券卖空对定价效率的影响是否存在差异，结果表明，融券卖空对资本市场定价效率（流动性、稳定性、股价信息含量）的提升效应在内、外部治理环境更差的企业以及在熊市期间表现得更加明显。由于具有上述特征的企业，其信息透明度一般较低，因此，这一研究结论再次说明，卖空机制能够通过企业信息透明度渠道来提高资本市场定价效率。

8.2 政策建议

（1）制度化的角度。

第一，本书的研究结论意味着卖空机制是提高定价效率的重要机制。因此，应该在风险可控的前提下，考虑修正《融资融券交易实施细则》，继续扩大融券标的名单，降低卖空交易门槛，使卖空交易的作用得到更好的发挥。第二，还需要建立标准对照组量化融券标的股票定价效率，更好地发现融券制度的实施效果。第三，尽量提高融券交易便利程度，增加融券供给量。我国的融券规模还相对较小，自从2010年开始两融交易以来，融券规模仅占两融规模的1%，这种融资融券交易的不平衡性会在很大程度上限制卖空机制的定价效率提升效应。因此应该适度扩大融券规模，以便更好地满足卖空投资者的交易需求。第四，在风险可控的前提下，适度增强做空机构的力量，以便更好地监督企业管理层操纵会计信息等行为，进而为股票投资者创造更加透明的信息环境，使股票价格更加精确地反映企业内在价值。第五，监管者、市场投资者以及学术界应该协同合作，继续探索卖空机制的底层规律，完善融资融券制度监管细则，使卖空机制的作用得到更好的发挥。

（2）投资者的角度。

第一，重新思考投资策略，改变单一的依赖股价上涨获利的交易模式。融券制度的引入，为投资者提供了卖空交易这一新的交易方式，也为A股市场提供了改善定价效率的全新机制，提高了股价对负面信息的吸收速度。第二，投资者还应充分识别不同企业的信息挖掘空间，注重深入挖掘企业私有信息，并将更多的私有信息带向市场，这不但能够有效抑制投资者情绪，平复股价过度波动，也有利于改善公司治理。第三，投资者应该充分识别不同的市场状态下卖空交易的盈利空间，在牛市中挖掘更多的企业信息，从而实现在交易中获利。

（3）上市公司的角度。

融券标的公司应该充分意识到，在卖空机制引入之后，企业就面临巨大的卖空威慑。如果卖空投资者发现企业管理层有隐藏企业负面信息的行为，就可以利用这一消息卖空该公司的股票，由于卖空交易者是知情交易者，他们的行为很可能引起中小股东追随其步伐，导致股票价格下跌。鉴于这种不利的“滚雪球”效应，上市公司应该及时、准确、合规地披露信息，从而扩大企业信息透明度。

8.3 研究展望

本书比较系统地考察了融券卖空对资本市场定价效率的影响，基于已有研究，未来的研究方向包括以下几个方面：

第一，由于监管部门在放松卖空约束的同时，也放开了融资交易，因此两者共同产生的叠加效应是未来值得探索的方向。

第二，从行为金融学视角考察卖空约束放松之下卖空投资者的行为，同时将投资者的心理和情绪纳入理论分析框架，也是一个值得探究的方向。例如，未来可以深入考察，与普通的投资者相比，卖空投资者在过度交易和处置效应方面是否存在显著不同？另一个重要的问题是，与普通投资者相比，貌似更为专业的卖空投资者是否具有更好的投资绩效？

第三，卖空机制对资本市场定价效率的影响在近年来的文献中越来越受到重视。然而，卖空约束放松不但对证券市场起到重要作用，对企业行为也会产生深远影响。例如，一些研究发现，卖空约束放松能够提高企业的创新水平。还有一些研究也发现，其提高了企业投资效率。但对于丰富的企业行为而言，可拓展的研究空间还非常大，因此未来可结合企业的财务数据，考察在卖空约束放松之下，企业的其他行为（例如企业风险承担水平、企业并购等）是否发生了变化。

第四，卖空交易者虽然通过企业信息透明度渠道提高了资本市场定价效率，但其信息优势主要来自卖空投资者对公共信息的解读不同，还是来自卖空投资者的私有信息，抑或是两者兼而有之，这一问题本书并未加以考察，这也是未来值得探究的研究方向。

第五，本书对融券卖空的作用机制研究只是以文字逻辑的形式提出不同理论假设，同时据此做出实证分析。未来应该着眼于数理模型的构建，通过将更多公司内部因素纳入卖空机制理论模型中，并且基于外部治理环境的变化，进一步探究卖空约束放松引起资本市场定价效率变化的具体作用机理。

参考文献

英文文献

[1] Aghion P, Reenen J V, Zingales L. Innovation and Institutional Ownership [J]. The American Economic Review, 2013, 103 (1): 277 -304.

[2] Aitken M J, Swan M C P. Short Sales Are Almost Instantaneously Bad News: Evidence from the Australian Stock Exchange [J]. Journal of Finance, 2010, 53 (2): 2205 -2223.

[3] Ali S, Liu B, Su J J. Does corporate governance quality affect default risk? The role of growth opportunities and stock liquidity [J]. International Review of Economics & Finance, 2018, 68 (1): 29 -51.

[4] Amihud Y. and H. Mendelson. Liquidity, Volatility, and Exchange Automation [J]. Journal of Accounting, Auditing & Finance, 1988, 3 (4): 369 -395.

[5] Arellano M, Bover O. Another Look at the Instrumental Variable Estimation of Error - Components Models [J]. CEP Discussion Papers, 1990, 68 (1): 29 -51.

[6] Asquith P, Pathak P, Ritter J R. Short Interest, Institutional Ownership, and Stock Returns [J]. Journal of Financial Economics, 2005, 78 (2): 243 -276.

[7] Bai M, Qin Y. Short - sales constraints and liquidity change: Cross - sectional evidence from the Hong Kong Market [J]. Pacific - Basin Finance Journal, 2014, 82 (1): 251 -273.

[8] Beber A, Pagano M. Short - Selling Bans around the World: Evidence from the 2007 -09 Crisis [J]. Journal of Finance, 2013, 68 (1): 34 -72.

[9] Ben - Nasr H, Alshwer A. Does Stock Price Informativeness Affect Labor Investment Efficiency? [J]. Journal of Corporate Finance, 2016, 38 (c): 249 -271.

[10] Berkman H, Dimitrov V, Jain P C. Sell on the news: Differences of opinion, short - sales constraints, and returns around earnings announcements [J]. Journal of Financial Economics, 2009, 92 (3): 376 -399.

[11] Bessembinder H. , J. Hao and K. Zheng. Liquidity Provision Contracts and Market Quality: Evidence from the New York Stock Exchange [J]. Review of Financial Studies, 2019, 75 (1): 133 -164.

[12] Blonigen B A, Wilson W W. Foreign subsidization and excess capacity [J]. Journal of International Economics, 2010, 80 (2): 0 -211.

[13] Boehmer E, Jones C M, Zhang X. Which Shorts Are Informed? [J]. Journal of Finance, 2008, 63 (2): 491 -527.

[14] Brogaard J, Hendershott T, Riordan R. High frequency trading and the 2008 short - sale ban [J]. Journal of Financial Economics, 2017, 124 (1): 22 -42.

[15] Brogaard J, Li D, Xia Y. Stock Liquidity and Default Risk [J]. Journal of Financial Economics, 2017, 124 (3): 486 -502.

[16] Bushee B J. The Influence of Institutional Investors on Myopic R&D Investment Behavior [J]. The Accounting Review, 1998, 73 (3): 305 -333.

[17] Cai J, Xia L. When R2 meets the short - sales constraints [J]. Economics Letters, 2014, 125 (3): 336 -339.

[18] Chang C. , J. W. Cheng, Y. U. Yinghui. "Short - Sales Constraints and Price Discovery: Evidence from the Hong Kong Market", Journal of Finance, 2007, 62 (5): 2097 -2121.

[19] Chang E C, Luo Y, Ren J. Short - selling, margin - trading, and price efficiency: Evidence from the Chinese market [J]. Journal of Banking & Finance, 2012, 48 (9): 411 -427.

[20] Chen Q, Goldstein I, Jiang W. Price Informativeness and Investment Sensitivity to Stock Price [J]. Review of Financial Studies, 2007, 20 (3): 619 -650.

[21] Chen Q, Goldstein I, Jiang W. Price Informativeness and Investment Sensitivity to Stock Price [J]. Review of Financial Studies, 2007, 20 (3): 619 -650.

[22] Chordia T, Roll R, Subrahmanyam A. Commonality in liquidity [J]. Journal of Financial Economics, 2000, 56 (1): 3 -28.

[23] Chuang W I, Lee H C. The Impact of Short - Sales Constraints on Liquidity and the Liquidity - Return Relations [J]. Pacific - Basin Finance Journal, 2010, 18 (5): 521 -535.

[24] Coughenour J F, Saad M M. Common market makers and commonality in liquidity [J]. Journal of Financial Economics, 2004, 73 (1): 37 -69.

[25] De Angelis D, Grullon G, Michenaud, Sébastien. The Effects of Short - Selling Threats on Incentive Contracts: Evidence from an Experiment [J]. Review of Financial Studies, 2017, 30 (7 -8): 262 -263.

[26] De Cesari A, Huang - Meier W. Dividend Changes and Stock Price Informativeness [J]. Journal of Corporate Finance, 2015, 35 (9): 1 -17.

[27] Deng B, Li Z, Li Y. Foreign institutional ownership and liquidity commonality around the world [J]. Journal of Corporate Finance, 2018, 51 (8): 20 -49.

[28] Diamond D W, Verrecchia R E. Constraints on Short - Selling and Asset Price Adjustment to Private Information [J]. Journal of Financial Economics, 1987, 18 (2): 277 -311.

[29] Edmans A, Jayaraman S, Schneemeier J. The Source of Information in Prices and Investment - Price Sensitivity [J]. Journal of Financial Economics, 2017, 126 (1): 74 -96.

[30] Edmans A. Blockholder Trading, Market Efficiency, and Managerial Myopia", The Journal of Finance, 2009, 64 (6): 2481 -2513.

[31] Ekkehart Boehmer, Charles M. Jones, Xiaoyan Zhang. Shackling Short Sellers: The 2008 Shorting Ban [J]. Review of Financial Studies, 2013, 26 (6): 1363 -1400.

[32] Ekkehart, Boehmer. The good news in short interest [J]. Journal of Financial Economics, 2010, 96 (1): 80 -97.

[33] Eric, C, Chang. Short - selling, margin - trading, and price efficiency: Evidence from the Chinese market [J]. Journal of Banking & Finance, 2014, 48 (C): 411 -424.

[34] Fair R C. Excess Labor and the Business Cycle [J]. Cowles Foundation Discussion Papers, 1984, 75 (1): 239 -245.

[35] Fang V W, Tian X, Tice S. Does Stock Liquidity Enhance or Impede Firm Innovation? [J]. The Journal of Finance, 2014, 69 (5): 2085 -2125.

[36] Fang, Vivian W, Huang. Short Selling and Earnings Management: A Controlled Experiment [J]. Journal of finance, 2016, 71 (3): 1251 -1294.

[37] Fazzari S M, Hubbard R G, Petersen B C. Financing Constraints and Corporate Investment [J]. Brookings Papers on Economic Activity, 1988, 19 (11): 141 -195.

[38] Ferreira D, Ferreira M A, Raposo C C. Board Structure and Price Informativeness [J]. CEI Working Paper Series, 2008, 99 (3): 523 -545.

[39] Foucault T, Laurent Frésard. Cross - Listing, Investment Sensitivity to Stock Price and the Learning Hypothesis [J]. CEPR Discussion Papers, 2011, 25 (11): 3305 -3350.

[40] Fresard, L. Cash Savings and Stock Price Informativeness [J]. Review of Finance, 2012, 16 (4): 985 -1012.

[41] Frino A, Lecce S, Lepone A. Short - sales constraints and market quality: Evidence from the 2008 short - sales bans [J]. International Review of Financial Analysis, 2011, 20 (4): 225 -236.

[42] Fukutomi H G D S. The Seasons of a CEO's Tenure [J]. The Academy of Management Review, 1991, 16 (4): 719 -742.

[43] Gao, Pengjie, Hao, Jia, Kalcheva, Ivalina. Short sales and the weekend effect—Evidence from a natural experiment [J]. Journal of Financial Markets, 2015, 26 (C): 85 -102.

[44] Goldstein I, Guembel A. Manipulation and the Allocational Role of Prices [J]. Review of Economic Studies, 2008, 75 (1): 133 -164.

[45] Gorton G B, Huang L, Kang Q. The Limitations of Stock Market Efficiency: Price Informativeness and CEO Turnover [J]. Review of Finance,

2017, 21 (1): 153 -200.

[46] Grullon G, Michenaud S, Weston J P. The Real Effects of Short - Selling Constraints [J]. Review of Financial Studies, 2015, 28 (6): 1737 - 1767.

[47] Grundy B D, Lim B, Verwijmeren P. Do option markets undo restrictions on short sales? Evidence from the 2008 short - sale ban [J]. Journal of Financial Economics, 2012, 106 (2): 331 -348.

[48] Hameed A, Viswanathan W K. Stock Market Declines and Liquidity [J]. The Journal of Finance, 2010, 65 (1): 257 -293.

[49] Harrison H, Stein J C. Differences of Opinion, Short - Sales Constraints, and Market Crashes [J]. Review of Financial Studies, 2003, 16 (2): 487 -525.

[50] Hart O D. The Market Mechanism as an Incentive Scheme [J]. The Bell Journal of Economics, 1983, 14 (2): 366 -382.

[51] He J, Tian X. The dark side of analyst coverage: The case of innovation [J]. Journal of Financial Economics, 2013, 109 (3): 856 -878.

[52] Hirshleifer D, Teoh S H, Yu J J. Short Arbitrage, Return Asymmetry And The Accrual Anomaly [J]. MPRA Paper, 2015, 24 (7): 2429 -2461.

[53] Ho K W. Short - sales restrictions and volatility The case of the Stock Exchange of Singapore [J]. Pacific - Basin Finance Journal, 1996, 4 (4): 377 -391.

[54] Honghui Chen, Vijay S. Role of Speculative Short Sales in Price Formation: The Case of the Weekend Effect [J]. The Journal of Finance, 2003, 58 (2): 685 -706.

[55] Hsu P H, Tian X, Xu Y. Financial development and innovation: Cross - country evidence [J]. Journal of Financial Economics, 2014, 112 (1): 116 -135.

[56] Hutchinson M, Gul F A. Investment opportunity set, corporate governance practices and firm performance [J]. Journal of Corporate Finance, 2004, 10 (4): 595 -614.

[57] Jack H J, Xuan T. Finance and Corporate Innovation: A Survey

[J]. Asia - Pacific Journal of Financial Studies, 2018, 47 (2): 165 - 212.

[58] Jin, L. and S. C. , Myers. R2 Around the World: New Theory and New Tests [J]. Journal of Financial Economics, 2006 (79): 195 - 233.

[59] Karpoff J M, Lou X. Short Sellers and Financial Misconduct [J]. The Journal of Finance, 2010 (65): 1879 - 1913.

[60] Kempf, Alexander. Short selling, unwinding, and mispricing [J]. Journal of Futures Markets, 1997, 18 (8): 903 - 923.

[61] Koo J, Maeng K. The effect of financial liberalization on firms' investments in Korea [J]. Journal of Asian Economics, 2005, 16 (2): 281 - 297.

[62] Koo K J K, Kim J S. CEO power and firm opacity [J]. Applied economics letters, 2019, 26 (10 - 12): 791 - 794.

[63] Kot H W. What Determines the Level of Short - Selling Activity? [J]. Financial Management, 2007, 36 (4): 123 - 141.

[64] Kwangjoo K, Jonghwan K. CEO power and firm opacity [J]. Applied Economics Letters, 2018: 1 - 4.

[65] Lang M, Maffett M. Transparency and liquidity uncertainty in crisis periods [J]. Journal of Accounting & Economics, 2011, 52 (2 - 3): 0 - 125.

[66] Lasfer, M. A. Board Structure and Agency Costs [J]. Paper presented at the European Financial Management Association, London, 2002.

[67] Lindahl - Stevens M. Redefining Bull and Bear Markets [J]. Financial Analysts Journal, 1980, 36 (6): 76 - 77.

[68] Litzenberger, Robert H, Ramaswamy, Krishna. Dividends, Short Selling Restrictions, Tax - Induced Investor Clienteles and Market Equilibrium [J]. Journal of Finance, 1980, 35 (2): 469 - 482.

[69] Liu Y, Jiraporn P. The effect of CEO power on bond ratings and yields [J]. Journal of Empirical Finance, 2010, 17 (4): 0 - 762.

[70] Luo Y. Do Insiders Learn from Outsiders? Evidence from Mergers and Acquisitions [J]. The Journal of Finance, 2005, 60 (4): 1951 - 1982.

[71] Macey J R, Mitchell M, Netter J. Restrictions on Short Sales: An Analysis of the Uptick Rule and its Role in View of the October 1987 Stock Market Crash [J]. Cornell Law Review, 1989, 74 (5): 799 - 835.

[72] Marsh I W, Payne R. Banning short sales and market quality: The UK's experience [J]. Journal of Banking & Finance, 2012, 36 (7): 1975 - 1986.

[73] Massa M, Zhang B, Zhang H. The Invisible Hand of Short Selling: Does Short Selling Discipline Earnings Management? [J]. Review of Financial Studies, 2015, 28 (6): 1701 - 1736.

[74] Massoud N, Nandy D K, Saunders A, et al. Do hedge funds trade on private information? Evidence from syndicated lending and short - selling [J]. Journal of Financial Economics, 2009, 99 (3): 477 - 499.

[75] Mathers A M, Wang B, Wang X S. Innovation and Price Informativeness [J]. Financial Management, 2016, 60 (4): 523 - 546.

[76] Miller E M. Risk, Uncertainty, and Divergence of Opinion [J]. The Journal of Finance, 1977, 32 (4): 1151 - 1168.

[77] Morck R, Yu W, Yeung B Y. The Information Content of Stock Markets: Why Do Emerging Markets Have Synchronous Stock Price Movements? [J]. Journal of Financial Economics, 2000, 58 (1/2): 215 - 260.

[78] Morris S, Shin H S. Unique Equilibrium in a Model of Self - Fulfilling Currency Attacks [J]. American Economic Review, 1998, 88 (3): 587 - 597.

[79] Nagel S. Short Sales, Institutional Investors and the Cross - Section of Stock Returns [J]. Journal of Financial Economics, 2005, 78 (2): 277 - 309.

[80] Odders - White E. R. and M. J. Ready. Credit Ratings and Stock Liquidity [J]. Review of Financial Studies, 2006, 19 (1): 119 - 157.

[81] Pathan S. Strong boards, CEO power and bank risk - taking [J]. Journal of Banking and Finance, 2009, 33 (7): 0 - 1350.

[82] Pinnuck M, Lillis A M. Profits versus Losses: Does Reporting an Accounting Loss Act as a Heuristic Trigger to Exercise the Abandonment Option and Divest Employees? [J]. Accounting Review, 2007, 82 (4): 1031 - 1053.

[83] R M, Baron, D A. The moderator - mediator variable distinction in social psychological research: conceptual, strategic, and statistical considerations [J]. Journal of personality and social psychology, 1986, 51 (6): 1173 - 1182.

[84] Rajan, R. G. Financial Systems, Industrial Structure, and Growth

[J]. Oxford Review of Economic Policy, 2001, 17 (4): 467 -482.

[85] Richard B. Evans, Christopher C. Geczy, David K. Musto. Failure Is an Option: Impediments to Short Selling and Options Prices [J]. The review of financial studies, 2009, 22 (5): 1955 -1980.

[86] Robert, F, Engle, et al. Measuring and Testing the Impact of News on Volatility [J]. Journal of Finance, 1993, 48 (5): 1749 -1778.

[87] Rodney D. B. , Bartley R. D. , Sorin M. S. Short - Sale Constraints, Differences of Opinion, and Overvaluation [J]. Journal of Financial & Quantitative Analysis, 2006, 41 (2): 455 -487.

[88] Ronald C. A. , David M. R. , W. ZHAO. Family - Controlled Firms and Informed Trading: Evidence from Short Sales [J]. The Journal of Finance, 2012, 67 (51): 351 -386.

[89] Saffi P A C, Sigurdsson K. Price efficiency and short selling [J]. Review of Financial Studies, 2011, 24 (3): 821 -852.

[90] Schmalensee R. Economies of Scale and Barriers to Entry [J]. Journal of Political Economy, 1981, 89 (6): 1228 -1238.

[91] Schoenfeld J. "The Effect of Voluntary Disclosure on Stock Liquidity: New Evidence from Index Funds", Journal of Accounting and Economics, 2016, 63 (1): 51 -74.

[92] Schumpeter J. A. , The Theory of Economic Development, Transaction Publishers: New Brunswick, NJ, 1934.

[93] Shiller R J. The Use of Volatility Measures in Assessing Market Efficiency [J]. Journal of Finance, 1981, 36 (2): 291 -304.

[94] Smith K. Measuring Innovation [J]. Fagerberg Et Al Oxford Handbook of Innovation, 2006, 26 (2): 21 -22.

[95] Solow R M. Technical Change and The Aggregate Production Function [J]. Review of Economics and Statistics, 1957, 39 (3): 312 -320.

[96] Stephen, E. Short - Selling Prior to Earnings Announcements [J]. The Journal of Finance, 2005, 59 (3): 1845 -1875.

[97] Stock, J. H. and Yogo, M. Testing for Weak Instruments in Linear IV Regression. National Bureau of Economic Research, 2002.

[98] Tirole B H. Market Liquidity and Performance Monitoring [J]. Journal of Political Economy, 1993, 101 (4): 678 -709.

[99] Webb F G P. Options, Short Sales, and Market Completeness [J]. Journal of Finance, 1993, 48 (2): 761 -777.

[100] Wolfers, J. , and E. Zitzewitz. Predictions Market [J]. Journal of Economic Perspective, Spring, 2004: 107 -126.

[101] Wu J, Xu D, Phan P H. The effects of ownership concentration and corporate debt on corporate divestitures in Chinese listed firms [J]. Asia Pacific Journal of Management, 2011, 28 (1): 95 -114.

[102] Xue - Wen K, Di - Yun P. The impacts of financial development and marketization process on firm's external financing constraints: Evidence from China [C]. International Conference on Management Science & Engineering. IEEE, 2009.

[103] Yinghua Li, Liandong Zhang. Short Selling Pressure, Stock Price Behavior, and Management Forecast Precision [J]. journal of accounting research, 2015, 53 (1): 79 -117.

[104] Yu J. Stock Price Informativeness and Corporate Governance: An International Study [J]. International Review of Finance, 2011, 11 (4): 477 -514.

[105] Zuo, Luo. The informational feedback effect of stock prices on management forecasts [J]. Journal of Accounting and Economics, 2016, 61 (2 -3): 391 -413.

中文部分

[1] 白重恩，刘俏，陆洲，等．中国上市公司治理结构的实证研究[J]．经济研究，2005 (2): 81 -91.

[2] 才静涵，夏乐．卖空制度、流动性与信息不对称问题研究——香港市场的个案 [J]．管理科学学报，2011 (2): 71 -85.

[3] 陈春春．市场不确定性与股票流动性——基于共性和微观结构的视角 [J]．中国经济问题，2018 (6): 101 -113.

[4] 陈国进，张贻军．异质信念、卖空限制与我国股市的暴跌现象研究 [J]．金融研究，2009 (4): 80 -91.

[5] 陈海强，范云菲．融资融券交易制度对中国股市波动率的影响——

基于面板数据政策评估方法的分析［J］. 金融研究，2015（6）：159－172.

［6］陈海强，韩乾，吴锴. 融资约束抑制技术效率提升吗？——基于制造业微观数据的实证研究［J］. 金融研究，2015（10）：148－162.

［7］陈晖丽，刘峰. 融资融券的治理效应研究——基于公司盈余管理的视角［J］. 会计研究，2014（9）：47－54.

［8］陈胜蓝，马慧. 卖空压力与公司并购——来自卖空管制放松的准自然实验证据［J］. 管理世界，2017（7）：142－156.

［9］陈怡欣，张俊瑞，汪方军. 卖空机制对上市公司创新的影响研究——基于我国融资融券制度的自然实验［J］. 南开管理评论，2018（8）：64－76.

［10］褚剑，方军雄，于传荣. 卖空约束放松与银行信贷决策［J］. 金融研究，2017（12）：111－126.

［11］窦泽群，李永建，程富强. 卖空约束对市场波动性的影响研究——来自中国沪深300指数的经验证据［J］. 经济学动态，2016（10）：76－85.

［12］方立兵，刘海飞. 融资融券失衡与标的股票的定价误差［J］. 证券市场导报，2016（9）：39－50.

［13］方立兵，刘烨. 融资融券大扩容：标的股票定价效率提升了吗？［J］. 证券市场导报，2014（10）：56－61.

［14］冯根福，刘虹，冯照桢，等. 股票流动性会促进我国企业技术创新吗？［J］. 金融研究，2017（3）：196－210.

［15］高雷，张杰. 公司治理、盈余管理与企业成长［J］. 经济理论与经济管理，2009（12）：53－59.

［16］高雷，张杰. 公司治理、机构投资者与盈余管理［J］. 会计研究，2008（9）：64－72.

［17］古志辉，郝项超，张永杰. 卖空约束、投资者行为和A股市场的定价泡沫［J］. 金融研究，2011（2）：129－148.

［18］顾乃康，陈辉. “股票流动性、股价信息含量与企业投资决策［J］. 管理科学，2010（1）：88－97.

［19］顾乃康，周艳利. 卖空的事前威慑、公司治理与企业融资行为——基于融资融券制度的准自然实验检验［J］. 管理世界，2017（2）：

120 – 134.

[20] 顾乃康，年荣伟．流动性共性与企业的融资行为及资本结构［J］．管理科学学报，2018（8）：34 – 53.

[21] 顾琪，陆蓉．金融市场的“劣汰”机制——基于卖空机制与盈余管理的研究［J］．财贸经济，2016（5）：60 – 75.

[22] 顾琪，王策．融资融券制度与市场定价效率——基于卖空摩擦的视角［J］．统计研究，2017（1）：82 – 92.

[23] 郝项超，梁琪，李政．融资融券与企业创新：基于数量与质量视角的分析［J］．经济研究，2018（6）：129 – 143.

[24] 贺京同，何蕾．国有企业扩张、信贷扭曲与产能过剩——基于行业面板数据的实证研究［J］．当代经济科学，2016（1）：58 – 67.

[25] 侯青川，靳庆鲁，苏玲，等．放松卖空管制与大股东“掏空”［J］．经济学（季刊），2017（3）：290 – 319.

[26] 胡凡，夏翊．分析师商业性动机与盈余预测偏差：来自融资融券的证据［J］．财经研究，2017（7）：47 – 58.

[27] 黄俊，黄超，位豪强，等．卖空机制提高了分析师盈余预测质量吗——基于融资融券制度的经验证据［J］．南开管理评论，2018，21（2）：135 – 148.

[28] 靳庆鲁，侯青川，等．放松卖空管制、公司投资决策与期权价值［J］．经济研究，2015（10）：76 – 88.

[29] 黎文靖，郑曼妮．通货膨胀预期、企业成长性与企业投资［J］．统计研究，2016（5）：36 – 44.

[30] 李春涛，刘贝贝，周鹏．卖空与信息披露：融券准自然实验的证据［J］．金融研究，2017（9）：134 – 149.

[31] 李春涛，宋敏，张璇．分析师跟踪与企业盈余管理——来自中国上市公司的证据［J］．金融研究，2014（7）：124 – 139.

[32] 李丹，袁淳，廖冠民．卖空机制与分析师乐观性偏差——基于双重差分模型的检验［J］．会计研究，2016（9）：25 – 31.

[33] 李栋栋，陈涛琴．卖空压力影响公司融资约束吗——基于中国A股上市公司的实证证据［J］．经济理论与经济管理，2017（10）：73 – 89.

[34] 李君平，徐龙炳．资本市场错误定价、融资约束与公司投资

[J]. 财贸经济, 2015, 36 (3): 88-102.

[35] 李志生, 陈晨, 林秉旋. 卖空机制提高了中国股票市场的定价效率吗? ——基于自然实验的证据 [J]. 经济研究, 2015 (4): 165-177.

[36] 李志生, 杜爽, 林秉旋. 卖空交易与股票价格稳定性——来自中国融资融券市场的自然实验 [J]. 金融研究, 2015 (6): 173-188.

[37] 李志生, 李好, 马伟力, 等. 融资融券交易的信息治理效应 [J]. 经济研究, 2017 (52): 164.

[38] 梁上坤. 机构投资者持股会影响公司费用粘性吗? [J]. 管理世界, 2018 (12).

[39] 廖士光, 杨朝军. 卖空交易机制对股价的影响——来自台湾股市的经验证据 [J]. 金融研究, 2005 (10): 131-140.

[40] 林炳华, 黄小琴. 融资融券是否平抑了中国股市的异质性波动性? [J]. 科研管理, 2017 (11): 150-163.

[41] 刘烨, 方立兵, 李冬昕. 融资融券交易与市场稳定性: 基于动态视角的证据 [J]. 管理科学学报, 2016 (1): 102-116.

[42] 陆静, 曹国华, 唐小我. 基于异质信念和卖空限制的分割市场股票定价 [J]. 管理科学学报, 2011 (1): 13-27.

[43] 陆瑶, 彭章, 冯佳琪. 融资融券对上市公司治理影响的研究 [J]. 管理科学学报, 2018 (11): 97-116.

[44] 罗进辉, 杜兴强. 媒体报道、制度环境与股价崩盘风险 [J]. 会计研究, 2014 (9): 53-59.

[45] 孟庆斌, 侯德帅, 汪叔夜. 融券卖空与股价崩盘风险——基于中国股票市场的经验证据 [J]. 管理世界, 2018 (9): 40-54.

[46] 倪骁然, 朱玉杰. 卖空压力影响企业的风险行为吗? ——来自A股市场的经验证据 [J]. 经济学 (季刊), 2017 (3): 320-345.

[47] 潘凌云, 董竹. 政绩竞争与企业产能利用率——因果识别、边界条件分析与机制检验 [J]. 产业经济研究, 2019 (5): 103-114.

[48] 潘越, 戴亦一, 林超群. 信息不透明、分析师关注与个股暴跌风险 [J]. 金融研究, 2011 (9): 138-151.

[49] 彭韶兵, 黄益建, 赵根. 信息可靠性、企业成长性与会计盈余持续性 [J]. 会计研究, 2008 (3): 43-50.

[50] 权小锋，吴世农，尹洪英．企业社会责任与股价崩盘风险："价值利器"或"自利工具"？[J]．经济研究，2015 (11)：49－64.

[51] 权小锋，尹洪英．中国式卖空机制与公司创新——基于融资融券分步扩容的自然实验 [J]．管理世界，2017 (1)：128－144.

[52] 任力，朱东波．中国金融发展是绿色的吗——兼论中国环境库兹涅茨曲线假说 [J]．经济学动态，2017 (11)：58－73.

[53] 苏冬蔚，倪博．转融券制度、卖空约束与股价变动 [J]．经济研究，2018 (3)：110－125.

[54] 苏冬蔚，熊家财．股票流动性、股价信息含量与 CEO 薪酬契约 [J]．经济研究，2013 (11)：56－70.

[55] 谭劲松，林雨晨．机构投资者对信息披露的治理效应——基于机构调研行为的证据 [J]．南开管理评论，2016 (5)：115－126.

[56] 唐齐鸣，张云．基于公司治理视角的中国股票市场非法内幕交易研究 [J]．金融研究，2009 (6)：144－160.

[57] 唐松，吴秋君，温德尔，等．卖空机制、股价信息含量与暴跌风险——基于融资融券交易的经验证据 [J]．财经研究，2016，42 (8)：74－84.

[58] 万道侠，胡彬．产业集聚、金融发展与企业的"创新惰性" [J]．产业经济研究，2018 (1)：28－38.

[59] 王化成，曹丰，叶康涛．监督还是掏空：大股东持股比例与股价崩盘风险 [J]．管理世界，2015 (2)：45－57.

[60] 王砾，孔东民，代昀昊．官员晋升压力与企业创新 [J]．管理科学学报，2018 (1)：111－126.

[61] 温忠麟，叶宝娟．中介效应分析：方法和模型发展 [J]．心理科学进展，2014 (5)：731－745.

[62] 吴东辉，薛祖云．财务分析师盈利预测的投资价值：来自深沪 A 股市场的证据 [J]．会计研究，2005 (8)：37－43.

[63] 肖浩，孔爱国．融资融券对股价特质性波动的影响机理研究：基于双重差分模型的检验 [J]．管理世界，2014 (8)：30－43.

[64] 谢佩洪，汪春霞．管理层权力、企业生命周期与投资效率——基于中国制造业上市公司的经验研究 [J]．南开管理评论，2017 (1)：

59 - 68.

[65] 熊熊，高雅，冯绪．卖空交易与异质信念：基于中国股票市场的证据 [J]．系统工程理论与实践，2017 (8)：1937 - 1948.

[66] 许红伟，陈欣．我国推出融资融券交易促进了标的股票的定价效率吗？——基于双重差分模型的实证研究 [J]．管理世界，2012 (5)：52 - 61.

[67] 许年行，江轩宇，伊志宏，等．分析师利益冲突、乐观偏差与股价崩盘风险 [J]．经济研究，2012 (7)：127 - 140.

[68] 伊志宏，姜付秀，秦义虎．产品市场竞争、公司治理与信息披露质量 [J]．管理世界，2010 (1)：133 - 141.

[69] 尹筑嘉，曾浩，毛晨旭．董事网络缓解融资约束的机制：信息效应与治理效应 [J]．财贸经济，2018 (11)：112 - 127.

[70] 于上尧．机构投资者羊群行为与股价崩盘风险 [J]．管理世界，2013 (7)：31 - 43.

[71] 袁怀宇，张宗成．卖空限制对股票市场收益非对称性的影响——基于上海和香港的实证比较研究 [J]．管理学报，2009 (8)：1098 - 1102.

[72] 袁建国，后青松，程晨．企业政治资源的诅咒效应——基于政治关联与企业技术创新的考察 [J]．管理世界，2015 (1)：139 - 155.

[73] 张杰，杨连星，新夫．房地产阻碍了中国创新么？——基于金融体系贷款期限结构的解释 [J]．管理世界，2016 (5)：64 - 80.

[74] 张维，张永杰．异质信念、卖空限制与风险资产价格 [J]．管理科学学报，2006 (4)：58 - 64.

[75] 张璇，周鹏，李春涛．卖空与盈余质量——来自财务重述的证据 [J]．金融研究，2016 (8)：175 - 190.

[76] 张谊浩，任清莲，汪晓樵．空气污染、空气污染关注与股票市场 [J]．中国经济问题，2017 (5)：122 - 137.

[77] 赵康生，谢识予．政府研发补贴对企业研发投入的影响——基于中国上市公司的实证研究 [J]．世界经济文汇，2017 (2)：87 - 103.

[78] 赵汝为，熊熊，沈德华．投资者情绪与股价崩盘风险：来自中国市场的经验证据 [J]．管理评论，2019 (3)：50 - 60.

[79] 钟凯，孙昌玲，王永妍，等．资本市场对外开放与股价异质性

波动——来自“沪港通”的经验证据［J］. 金融研究，2018（7）：178－196.

［80］朱宏泉，余江，陈林. 异质信念、卖空限制与股票收益——基于中国证券市场的分析［J］. 管理科学学报，2016（7）：115－126.

［81］邹萍. 货币政策、股票流动性与股票价格暴跌风险［J］. 南方经济，2015（7）：29－46.